＋ － × ÷
초3 수학의 힘

중·고등 내신과 입시를 결정짓는

초3 수학의 힘

이정 지음

물주는아이

프롤로그

수학 잘하는 아이, 엄마 코칭에 답이 있습니다

'초등 아이들은 수학을 어떻게 생각할까?'

현직에서 아이들을 가르치는 교사로서, 제가 늘 품고 있는 최대의 화두입니다. 교사의 역할은 단순히 지식 전달에 그치는 것이 아닌, 아이들이 지식을 소화하고 스스로 발전시키도록 도울 의무가 있기 때문입니다. 그러려면 아이들이 어떤 생각을 가지고 있는지를 알아야 그에 맞는 지도 방식을 찾을 수 있습니다. 물론 저마다의 개성이 다른 아이들인 만큼, 수학에 대한 생각도 다양합니다. 그래서 저 역시 아이들을 관찰하며 몇 가지 공통된 문제점을 발견하기까지 많은 시행착오를 겪었습니다.

교사 초년생 때부터 5, 6학년을 주로 담임하면서 계속해서 가진 의문이 있었습니다. '왜 학년이 올라갈수록 수학을 어려워하는 아이들의 비중이 높을까.' '도대체 왜 아이들은 수학을 어렵고, 힘들고, 재미없는 과목이라고 생각할까.' 저에게는 해결하고 싶은 과제이자 도전이었습니다. 그러면서 '내가 3, 4학년 담임을 맡게 되면 수학이 얼마나 재미있는 과목인지 제대로 알려주리라' 다짐했지요. 고학년이 되기 전에서 수학에 대한 긍정적인 생각을 심어주겠다는 생각에서요.

실제로 3학년을 맡아 수업해보니, 이 시기가 왜 평생 수학을 좌우하는 중대한 지점인지 절실히 체감하게 되었습니다.

1, 2학년 때에 비해 3학년에서 배우는 수학은 난이도 차이가 매우 큽니다. 수학에서 학습 사고력을 길러주는 범위가 넓어지면서 교육과정 자체가 확연히 달라지는데, 이때 아이들이 겪는 혼란스러움은 상상 이상입니다. 말하자면, 막 걸음마를 익힌 아이에게 이제 너도 걸을 수 있으니, 혼자 낯선 길을 가보라는 격이라고나 할까요?

초등 3학년을 맞이한 아이들에게 수학은 처음 만나는 인생의 고비와도 같을 겁니다. 1, 2학년 때는 '놀이 수학'이란 이름으로 말 그대로 놀면서 배우는 수학을 배웠는데, 이제는 '생각 수학'이라는 문제가 더해지며, 책상에 앉아 고민하며 풀어야 하는 수학을 배우게 되었으니 말이지요. 바로 이런 과정이 여태까지 즐겁고 재밌던 수학이 부담이 되고 피하고 싶은 과목이 되는 이유입니다.

 이러한 과정 이해가 생략된 상황에서, 부모가 '이제 3학년이 되었으니 공부를 많이 시켜야겠다'란 가벼운 생각으로 무작정 아이를 채근하기 시작하면, 그때부터 아이는 수학 포기의 길을 걷게 될 겁니다.

 그런데 부모님들을 만나보면 3학년 수학의 중요성을 간과하고 계신 분들이 많았습니다. 1학년에서 2학년 올라가는 과정이나 2학년에서 3학년 올라가는 과정이나 비슷하겠거니 생각하시고, 학원만 열심히 다니게 하면 수학을 잘할 것이라고 믿는 분이 대부분이었습니다.
 문제는 아무리 사교육을 열렬히 시켜도, 부모가 아이에게 한없는 관심을 부어줘도, 여전히 수학을 어려워하는 아이들이 많다는 점입니다. 이유가 무엇일까요? 근본적인 문제는 바로 부모와 아이 간 교육의 세대 차이 때문입니다. 그래서 자칫 아이에게 도움을 준다는 것이 혼란만 가중시키거나 이미 뒤처진 길로 안내할 수도 있습니다.

 그래서 이 책은 크게 두 가지에 중점을 두었습니다. 첫째, 부모님들께 지금의 수학이 어떻게 다른지, 달라진 수학은 어떻게 코칭해야 하는지, 손쉬운 이해와 실행 노하우를 알려드리고자 합니다. 얼핏 생각하기에 시간이 흐른다고 수학이란 과목이 얼마나 변할까 싶지만, 똑같은 수학이라도 시대에 따라 강조하는 내용이 다릅니다. 일례로 지금은 과거처럼 계산 능력을 중시하지 않습니다. 대신 수학적 사고력의 중요성을 강조하고 있지요.

둘째, 3, 4학년을 맞이한 아이와 부모님의 원활한 수학 소통을 돕고자 합니다. 즉, 아이의 수학 고민을 부모가 발 빠르게 캐치할 수 있도록, 유독 아이들이 어려워하는 수학 개념을 교과서 단원별로 짚어주며, 해당 부분을 어려워하는 다양한 상황별 이유와 실질적인 해법, 풀이 방법을 제시하고자 합니다. 덧붙여 3, 4학년 수학 학습을 잇는 단원별 레벨테스트를 담아 부모님들이 아이의 실력을 한눈에 진단하고, 알맞은 수학 처방전을 내릴 수 있도록 구체적인 지침을 실었습니다.

물론 아이들의 성향이 모두 다른 만큼, 한 가지 정답만이 있는 것은 아닙니다. 하지만 제가 20여 년간 학교에서 만난 아이들의 사례를 최대한 종합해, 자주 보이는 상황들 위주로 구성했으니 도움이 되실 것이라 생각합니다.

부모님들은 보통 우리 아이는 수학을 '잘해요' 혹은 '못해요'라고 말씀을 하십니다. 그런 분들에게 저는 이렇게 여쭤보고 싶습니다.

"아이가 수학을 좋아하나요?"

부모님들 중에는 수학을 '잘하는 것'과 '좋아하는 것'이 같은 의미라고 생각하는 분들이 많이 계십니다. 하지만 이 둘은 엄연히 다릅니다. 물론 열심히 공부해서 점수가 오르는 성취감을 느끼다 보면 스스로 수학에 취미를 붙일 수도 있습니다. 하지만 단언컨대, 그런 경우는 흔치 않습니다. 대부분 좋아하지도 않는 것을 억지로 시키면 역효과가 나기 마련이지요. 좋아하면 누가 시키지 않아도 스스로 열심히 하게 됩니다. 주변의 도움도 더 적극적으로 받아들이게 되지요.

따라서 3학년 수학 공부의 첫 걸음은 아이가 어떤 마음가짐으로 수학을 대하는지를 살피고, 무리 없이 학습 진도를 잘 따라가고 있는지 점검하는 것입니다. 아이가 수학을 어려워한다면 어느 단원을 어려워하는지 구체적으로 살피고, 적절한 도움을 주어서 수학에 대한 흥미를 잃지 않게 하는 것이 중요합니다.

교실에서 만나는 아이들의 고민을 듣다 보면, 공부가 어렵다는 것보다도, 자신의 성적이 부모의 기대에 못 미친다는 이유로 자존감이 낮아져 있는 아이들을 자주 볼 수 있습니다. 자신도 수학을 잘하고 싶은데, 어디서부터 꼬인 건지 알 수 없다는 답답한 마음에서 시작된 고민들이지요. 그리고 종종 수학에서 낮아진 자존감은 전체 과목으로 이어집니다. 이런 상황을 마주할 때마다 부모님들에게 아이의 고민을 듣고 이해할 수 있는 매개가 절실하다고 생각했습니다. 이 책이 아이의 고민을 부모가 이해하고 타파해줄 수 있는 접점, 수학 소통의 징검다리가 되었으면 합니다.

수학은 모든 학문의 기초가 되는 중요한 학문입니다. 학습 격차가 시작되는 초등 3학년은 아이의 평생 수학 점수를 좌우할 중요한 시기, 어느 때보다 부모님들의 적극적이고 똑똑한 코칭이 중요한 시기입니다. 아이에게 생각만 해도 피곤하고, 진절머리 나는 수학이 아닌, 재미있는 수학이 무엇인지 알려주세요. 그리고 꼭 아이의 수학 고민을 들어주세요.

부모와 아이가 함께 노력할 때 분명 아이의 수학 공부가 달라집니다. 수학이 아이의 미래에 장애물이 되지 않도록, 수학이라는 허들을 뛰어넘는 힘은 초등 3학년 수학에서 나옵니다.

2021년 3월, 이정

차례

프롤로그 수학 잘하는 아이, 엄마 코칭에 답이 있습니다 —— 004

1장 초3, 수학 포기를 막는 골든타임

01 '수학이 싫어병'에 걸린 아이들 —— 015
02 엄마, 수학이 달라졌어요 —— 023
03 수학 100점이 가져다주는 함정 —— 034
04 우리 아이 '수포자' 신호를 잡아라! —— 042
05 초3 수학, 이것만 기억하세요 —— 056

2장 초3, 엄마의 새로운 코칭이 필요하다

01 초3부터 수학이 어려워집니다 —— 065
02 우리 아이 수학 약점 판별법 —— 084
03 아이의 수학력을 높이는 4가지 전략 —— 100
04 아이의 수학 감각을 키우는 5가지 코칭 습관 —— 112

3장 **초3 엄마가 반드시 알아야 할 단원별 핵심 가이드**

01 수 영역 아이의 머릿속에 수학을 그려주자 ── 133
  핵심 정리 ── 147
02 연산 영역 아이의 연산 학년을 찾아라 ── 148
  핵심 정리 ── 172
03 도형 영역 잘 외워야 바르게 분류할 수 있다 ── 173
  핵심 정리 ── 187
04 측정 영역 직접 재고, 달아보면 쉽게 이해할 수 있다 ── 188
  핵심 정리 ── 203
05 규칙성 영역 연산을 넘어 다양한 규칙을 볼 줄 아는 시각을 키워주자 ── 204
  핵심 정리 ── 213
06 자료와 가능성 영역 부모의 꼼꼼한 학습 점검이 중요하다 ── 214
  핵심 정리 ── 220

부록 내 아이 수학 실력 진단 테스트 ── 222
  정답과 해설 ── 235
참고문헌 ── 251

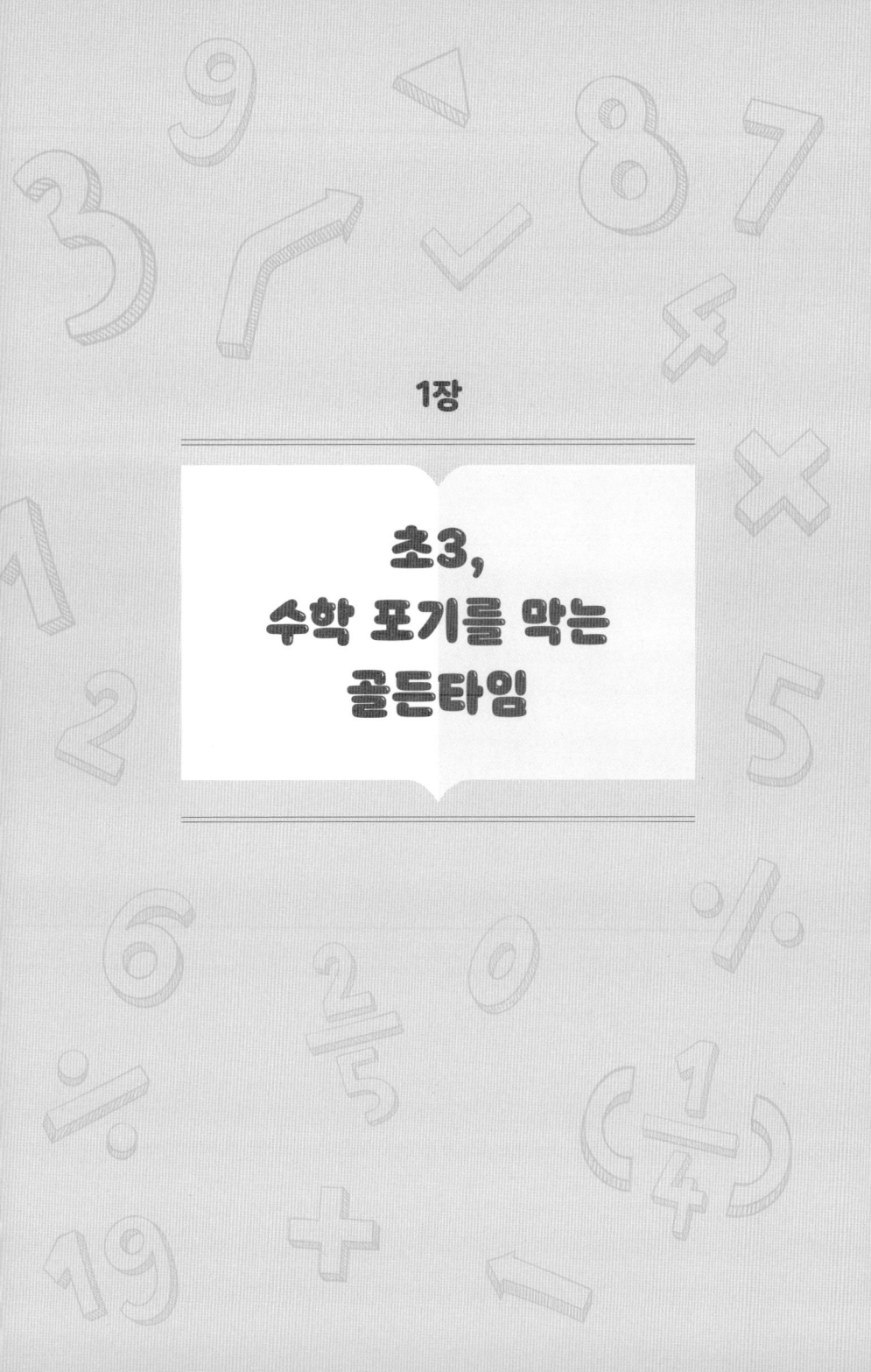

1장

초3,
수학 포기를 막는
골든타임

01 '수학이 싫어병'에 걸린 아이들

지난해 서울에서 〈글로벌 인재포럼 2020〉이 열렸습니다. 미래 교육의 청사진을 공개하는 자리였는데요. 세계적 수학자로 손꼽히는 김민형 영국 워릭대학교 교수는 AI 시대 교육에 관해 "AI와 인간이 함께 일하는 시대에는 무엇보다 수학적 사고력을 반드시 갖춰야 한다"라고 강조했습니다. 인간의 의사 결정에 통계적·과학적 근거가 더 중요해진 요즘 시대, 수학적 사고와 수학적 언어 능력은 사회 현상을 이해하는 필수 능력이라는 것이지요.

즉 새로운 시대를 살아가야 하는 우리 아이들에게 수학적 사고력은 단순한 학문의 영역을 넘어 개인의 사회 역량이 되었습니다. 그러니 부모 입장에서는 아이들의 수학 공부에 일찍부터 관심을 쏟을 수밖에 없습니다. 그러다 보니 때로는 뜻밖의 부작용을 낳기도 합니다.

그런 의미에서 우리나라 학생들의 전반적인 특징을 먼저 파악할 필요가 있습니다. 교육 일선에 있는 수학 교사로서 부모들에게 제일 많이 듣는 이야기 중 하나가 바로 "우리 아이가 수학을 못하는 건 아닌데, 안 하려고 한다"는 것입니다. 너무 뻔한 소리 같지만, 이 이야기에는 우리에게 주는 적지 않은 메시지가 담겨 있습니다.

수학은 잘하는데, 자신이 없는 아이들

2020년 12월 교육부는 〈수학·과학 성취도 추이변화 국제비교 연구 TIMSS 2019〉의 결과를 발표했습니다. 연구에 참여한 58개국 중 우리나라 초등학교 4학년의 수학 실력은 3위라고 합니다(과학 실력은 2위). 이는 5위 일본, 8위 영국, 14위 네덜란드, 15위 미국보다 높은 수준입니다. 그런데 문제는 바로 '수학을 대하는 태도'를 조사한 결과입니다.

우리나라 학생 중 수학에 '매우 자신 있음'이라는 태도를 보인 비율은 15%밖에 되지 않습니다. 이는 국제 평균인 32%의 절반도 되지 않는 수치입니다. 그에 비해 '자신 없음'이라는 태도를 보인 비율은 국제 평균인 23%에 비해 훨씬 높은 수준인 36%나 됩니다.

교과 학습에 대한 흥미도를 조사한 결과는 더 놀랍습니다. 우리나라 학생들은 '매우 좋아함'의 비율이 22%에 불과합니다. 역시 국제 평균의 절반도 되지 않습니다. 게다가 '좋아하지 않음'의 비율은 국제 평균인 20%의 2배인 40%나 됩니다.

이를 종합해보면, 우리나라 학생들은 수학 성적은 뛰어나지만 수학에 대한 자신감이 떨어지고, 흥미 또한 매우 낮은 편이라는 뜻이 됩니다. 이러니 부모들이 "우리 아이가 수학을 못하는 건 아닌데, 안 하려고 한다"는 말을 할 수밖에 없는 것입니다. 잘하기는 하는데, 자신감이 떨어지고 흥미도 없으니 안 하려고 할 수밖에요.

결국 위의 조사에 따르면, 우리나라 초등학교 4학년 중 수학에 자신감이 없고 흥미도 없는 학생은 거의 40%에 가깝습니다. 10명 중 4명이란 소리입니다. 그런데 수치로 확인하니 새삼스러울 뿐, 뜻밖의 결과라며 놀라는 사람들은 사실 별로 없을 것입니다. 오죽 수학을 싫어하고 어려워하는 분위기가 사회적으로 공감을 얻고 있으면 '수포자'라는 유행어가 하나의 일상 용어처럼 굳어졌을까요.

그리고 그 이유를 짐작하는 것도 그렇게 어려운 일은 아닙니다. 유교 문화의 영향을 받은 동양권은 서양권에 비해 공부를 중시하는 측면이 있는 데다, 우리나라의 유별난 학구열은 세계적으로도 유명하니까요. 이러한 환경 속에서 그 중요성이 나날이 커지고 있는 수학은 '무조건 잘해야만 하는 것'으로 인식되어, 아이들은 부모, 학교, 학원 등으로부터 이중 삼중으로 압박을 받기 쉽습니다.

표 1_ 초등학교 4학년 수학·과학 성취도 상위국 순위

수학			과학		
순위	국가	평균	순위	국가	평균
1	싱가포르	625	1	싱가포르	595
2	홍콩	602	2	대한민국	588
3	대한민국	600	3	러시아 연방	567

출처: 교육부, 〈수학·과학 성취도 추이변화 국제비교 연구 2019〉, 2020. 12. 8.

표 2_ 초등학교 4학년 수학·과학에 대한 태도

과목		교과에 대한 자신감				교과 학습에 대한 흥미			
		학생 비율(%)			평균	학생 비율(%)			평균
		매우 자신 있음	자신 있음	자신 없음		매우 좋아함	좋아함	좋아하지 않음	
수학	우리나라	15	49	36	9.2	22	38	40	8.9
	국제 평균	32	44	23		45	35	20	
과학	우리나라	17	59	23	9.1	37	47	16	9.5
	국제 평균	38	43	19		52	36	12	

출처: 교육부, 〈수학·과학 성취도 추이변화 국제비교 연구 2019〉, 2020. 12. 8.

그러니 많은 아이들이 수학을 흥미와 관심의 대상으로 보기보다는 자신을 짓누르는 의무감의 대상으로 느끼고 있는 것입니다.

수학이 싫은데 고득점이 나오는 이유

그렇다면 이런 상황에서도 우리 아이들의 수학 성취도가 다른 나라에 비해 높게 나타나는 이유는 무엇일까요?

미국의 수학 교육 학술지 〈수학교육연구Educational Studies in Mathematics〉 2014년 2월호에서는 '우리나라의 긴 수업 일수' '부모의 적극적인 개입' '교육에 많은 투자를 하는 사회적 분위기' 등을 이유로 꼽았습니다.

그리고 OECD는 2017년 4월 19일 전 세계 15세 학생 약 54만 명을 대상으로 전반적인 삶의 만족도와 성취 동기, 신체 활동, 부모와의 관계 등을 설문 조사한 〈국제 학업성취도 평가PISA 2015 학생 웰빙 보고서〉를 발표하였는데, 그 결과 한국 학생들의 공부 시간은 OECD 국가 중에서도 가장 긴 편이었습니다.

학교 안팎에서 주당 60시간 이상 공부한다고 답한 학생들이 23.2%로 OECD 평균인 13.3%의 거의 2배였으며, 학교 정규 수업 시간 외 수학·과학의 추가 수업을 시작하는 시기 또한 우리나라는 OECD 국가 중 가장 빠른 9세였습니다(OECD 국가 평균 11세, 아이슬란드 13세). 또 이러한 사교육 등의 추가 수업에 대해서도 좋아서 받는다는 한국 학생은 9.7%에 불과했고, '성적 향상을 위해' 받는다는 경우가 52.2%였습니다.

　이를 종합해보면, 우리 아이들은 부모의 적극적인 개입과 수학 공부에 투자하는 긴 시간 덕분에 수학 성적이 높게 나타나기는 하지만, 이에 대한 부작용으로 수학에 대한 자신감과 흥미가 떨어진다는 결론을 얻을 수 있습니다. 부모가 아이들의 학습에 어떤 식으로 도움을 주어야 하는지에 대한 고민이 필요한 지점입니다. 만약 우리 아이가 수학에 매우 자신이 없고 흥미도 없는 40%에 속한다면 이 고민은 더욱 절실하겠지요.

　아이들의 상황에 대한 구체적인 이해가 부족한 상태에서 일방적으로 성적의 향상만 종용하는 부모의 강압적이고 배려 없는 태도는 아이들의 학습 의지를 꺾고 반감만 불러일으킬 뿐입니다. 반대로 이야기하자면 부모의 진심이 아이들에게 가 닿기 위해서는 구체적이고 세심한 노력이 필요합니다. 그럼 이제부터 아이의 상황을 객관적으로 체크해보고, 부모들이 품고 있을 고민에 도움이 될 수 있는 실제적인 방법을 함께 생각해보겠습니다.

＋－×÷

초3 수학을 잡아야 수학 포기를 잡습니다

　앞서 살펴본 〈수학·과학 성취도 추이변화 국제 비교 연구 2019〉는 초등학교 4학년을 대상으로 하고 있지만, 조사 시점이 초등학교

4학년 중반 무렵이므로 사실상 초등학교 3학년까지의 수학에 대한 인식과 성적이 주로 반영되었다고 볼 수 있습니다. 따라서 초등학교 3학년까지 수학을 어떻게 공부했고, 그 결과가 어떠한지를 나타낸다고 보아야 합니다. 수학 공부에 흥미 없는 초등학교 3학년이 왜 40%나 될까를 생각해보면, 아이들의 수학 공부에 대한 접근에 있어 획기적인 전환이 필요해 보입니다.

- 학원에서 주로 선행을 하고 있지는 않나요?
- 아이가 선행에만 집중하다 보니 학교 수업에 흥미를 잃지는 않았나요?
- 계산 위주의 학습만 반복해서 아이가 지루해하지는 않았나요?
- 틀린 문제를 반복해서 푸는 데만 집중하지는 않았나요?

우리는 아이의 수학 성적을 올리겠다며 다양한 방법으로 아이에게 스트레스를 주고 있지는 않은지 생각해보아야 합니다. 초등학교 1, 2학년 과정은 유치원에서 배운 내용과 중복될 뿐만 아니라, 직관적으로 파악할 수 있는 내용이라 굳이 공부를 많이 하지 않아도 이해가 어렵지 않습니다.

하지만 3학년부터는 직관적 이해를 넘어 수학적 약속과 알고리즘을 이해해야 하는 단계입니다. 그러다 보니 알고리즘을 익히기 위해 지루하게 계산을 반복하게 되고, 수학적 약속을 이해하기 위해 논리적이고 체계적인 사고 과정을 요구받게 됩니다. 이런 과정에서 아이들은 1, 2학년 때와는 달리, 수학이 간단하고 쉽게 받아들여지지 않게 되는 것이지요. 그런 3학년을 보냈기에 4학년 때 수학 공부에 흥미를 잃은 아이가 40%이고 자신감이 없는 아이가 36%나 되는 결과를 얻게 된 것입니다.

대부분의 어른들이 잘하는 말이 있습니다. 바로 "하다 보면 잘하게 될 거야"입니다. 흥미와 자신감을 잃은 아이에게 부모들은 머나먼 미래 시점의 말과 함께 학원과 두꺼운 문제집만 잔뜩 제공하지요. 물론 아이의 고민을 덜어주려는 명목으로요. 그러나 먼 미래를 보는 안목은 어른에게만 가능한 것입니다.

아이들은 먼 미래보다는 현재나 가까운 미래에 집중하는 경향이 있습니다. 특히 초등학교 3학년 아이에게 먼 미래 이야기로 현재를 옭아매는 것은 받아들이기 쉽지 않은 상황입니다. 아이의 현재 수학 교육에 대한 문제에 집중해서, 아이가 수학 자체에 흥미를 갖도록 돕는 방법을 찾는 것이 가장 급선무라고 할 수 있습니다.

02 엄마, 수학이 달라졌어요

　교육부는 2020년 9월부터 AI를 활용한 초등학교 1, 2학년용 수학 수업 지원 시스템 〈똑똑! 수학탐험대〉를 전국 초등학교에 지원하고 있습니다. 게임에 기반을 둔 학습물로, 수준별 개별화 학습과 자기주도 학습을 유도하는 데 목적이 있습니다. 아직 시행한 기간이 짧아 그 효과를 단정할 수는 없지만, 이를 경험한 교사와 학생들 대부분이 아직까지는 미흡한 점이 많다고 느낍니다. 그러나 최신의 이론과 기술을 교육에 적용하는 이런 시도는 앞으로도 계속될 것이고 개선을 거쳐 곧 정착될 것입니다. 무엇보다 분명한 것은 우리 아이들이 부모 세대와는 다른 방법으로 교육받고 있다는 것입니다.

그런데 변하는 것이 비단 수학 교육의 방법뿐일까요? 이보다 더 관심 가져야 할 것은 수학을 배우는 '이유'가 변하고 있다는 점입니다. 수학 교육의 '목표'가 바뀌고 있는 것이지요.

＋－×÷
수포자, 알고 보면 부모가 키운다

'수학' 하면 복잡하고 골치 아픈 계산부터 떠올리는 사람들이 많을 것입니다. 하지만 수학은 단지 계산을 위한 학문이 아닙니다. 심지어 요즘 시대의 계산은 계산기가 하면 됩니다. 아무리 복잡한 계산도 컴퓨터로 척척 해낼 수 있습니다. 우리가 수학에서 진정으로 익혀야 하는 것은 빠르고 정확한 계산 능력이 아니라 논리적·체계적으로 사고하는 능력입니다.

수학에서 얻는 논리적이고 체계적인 사고력은 다른 모든 학문을 받아들이고 이해하는 데 반드시 필요한 능력입니다. 그래서 수학을 모든 학문의 기초라고 하는 것이지요. 더구나 모든 의사 결정에 통계적·과학적 근거의 활용이 대두되고 있는 이 시대에 수학적 사고력의 중요성은 나날이 커지고 있습니다.

그런데 이러한 상황에서 수학을 어려워하는 아이들의 비율은 점점 더 높아져만 가고 있습니다. 2019년 교육부가 실시한 〈국가 수준 학업성취도 평가〉에 따르면, 중학교 3학년 기준으로 수학 기초

학력 미달 비율이 11.3%나 된다고 합니다. 이는 영어 3.3%에 비해 3배 이상 높은 수준입니다. 게다가 이 비율은 학년이 올라갈수록 높아지는 양상을 보이고 있습니다.

유독 수학 성취도가 낮은 이유는 무엇일까요? 바로 수학의 철저한 나선형 특성 때문입니다. 수학은 다른 과목보다 기초가 중요하기 때문에 한번 뒤처지면 계속 뒤처지기 쉽고, 본궤도로 복귀하기가 어렵습니다. 어느 틈엔가 돌이키기 힘든 수학 포기자, 일명 '수포자'가 되는 경우가 많지요. 그래서 어릴 때부터 흥미를 잃지 않고 기초를 잘 다지도록 부모의 관심과 도움이 다른 과목에 비해 월등히 필요합니다.

그런데 간과하면 안 되는 부분이 있습니다. 부모가 아이에게 관심과 도움을 한없이 부어줘도, 사교육을 열렬히 시켜도, 여전히 수학을 어려워하는 아이들이 많다는 점이죠. 이유가 무엇일까요? 근본적인 문제는 바로 부모와 아이 간 교육 세대 차이에 있습니다.

다시 말해 20세기에 수학을 배운 부모가 21세기의 새로운 수학을 제대로 이해하고 가르친다는 것은 쉬운 일이 아닙니다. 수학 공부의 목적도, 방법도 지금과는 차이가 있기 때문이지요. 그래서 자칫 아이에게 도움을 준다는 것이 혼란만 가중시키거나 이미 뒤처진 다른 길로 안내할 수도 있습니다. 올바른 도움을 주고자 한다면 예전의 수학 교육과 지금의 수학 교육이 어떻게 다른가부터 정확하게 알아야 합니다.

우리나라는 다른 나라에 비해 교육과정과 교과서가 자주 바뀌는 편입니다. 그래서 같은 학년 자녀를 둔 부모들도 연령대에 따라 서로 다른 수학 교육을 받았을 수 있습니다. 따라서 요즘 아이들이 배우는 21세기의 수학을 이해하기 위해서는 먼저 과거의 수학과 지금의 수학을 비교해볼 필요가 있습니다. 먼저 부모 세대가 받은 수학 교육부터 되짚어보겠습니다.

부모가 배운 수학은 이렇습니다

지금 초등 3학년 자녀를 둔 부모들의 연령대는 대략 30대부터 50대입니다. 높은 연령부터 차례대로 생각해보면 4차 교육과정부터 7차 교육과정 사이의 수학 교과서를 학습했다고 추측할 수 있습니다. 부모들의 기억과 경험을 되살릴 수 있도록 각 교육과정의 특징을 대략적으로 살펴보겠습니다.

첫째, '4차 교육과정'은 1982년부터 1988년 사이에 초등학교 3학년 시기를 보낸 이들이 배운 교육과정입니다. 즉 1970년대에 태어난 부모들이겠지요. '초등학교'가 '국민학교'라 불리고, '수학' 대신 '산수'라는 말을 쓰던 때입니다.

이 시기 가장 중요시되던 수학 개념은 '문제 해결력'이었습니다.

수학 문제를 해결해가는 과정에서 특히 '계산 능력'의 중요성을 강조했습니다. 매 단원이 시작되기 전에 준비 학습 과정을 두었고, 주요 내용을 학습한 후에는 연습과 복습의 단계를 거치게 하는 등 체계적인 학습이 이루어지게 했습니다. 하지만 반대로 생각하면 엄청난 양의 문제를 풀어야 했던 시기였습니다. 이 교육을 거친 부모들은 자연히 수학 공부의 핵심은 '계산'이라고 생각할 겁니다.

둘째, '5차 교육과정'은 1989년부터 1995년 사이에 초등학교 3학년 시기를 보낸 이들, 주로 1980년대에 태어난 부모들이 경험한 교육과정입니다. 여전히 '국민학교'로 불리던 시절이지요. 4차 교육과정에 비해 5차 교육과정에서는 '기초 학습 능력 및 기초 학력'이 강조되었습니다. 그래서 등장한 것이 지금의 수학 익힘책의 시초인 산수 익힘책(이하 익힘책)입니다. 익힘책의 도입 목적은 학생들의 학습량을 올리고, 자율 학습의 기회를 제공하기 위함이었습니다. 즉 개념 설명은 교과서를 중심으로 하되, 문제 풀이를 통해 그 개념을 익히고 활용하는 법을 연습하라는 뜻이었습니다.

그런데 이 익힘책에는 쉬운 문제뿐만 아니라 심화 문제도 실려 있었습니다. 당연히 수학경시대회나 학교 시험에서도 심화 문제를 바탕으로 한 어려운 문제들이 빈번히 출제되었겠지요. 비록 비중이 적다 해도 심화 문제를 공부하지 않으면 풀 수 없는 문제들을 시험에서 만나게 되었으니, 학생들은 예전보다 수학을 어려워하게 되었습니다. 왜냐하면 예나 지금이나 수학책에 있는 모든 문제를 완벽히 이해해야 한다는 강박관념을 가진 부모와 학생들이 의외로 많기 때문입니다.

셋째, '6차 교육과정'은 1990년대에 태어나 1996년부터 2000년 사이에 초등학교 3학년을 보낸 이들이 배운 교육과정입니다. 국민학교가 초등학교로 바뀐 시점이기도 합니다. 이 시기 역시 수학에서 가장 처음 배우는 〈덧셈과 뺄셈〉 단원은 5차 교육과정과 큰 차이를 보이지 않았습니다. 다만 주목할 점은 '문제 풀기' 위주의 학습에서 벗어나 사고력과 응용력을 강조하기 위해 '문장으로 된 문제'를 푸는 법, 즉 〈여러 가지 문제〉 단원이 생겼다는 점입니다. 다음은 당시의 3학년 1학기 수학 교과서에 수록된 〈여러 가지 문제 (1)〉 단원의 일부 문제입니다.

> **문제** 다음의 말 또는 문장을 식으로 나타내어 봅시다.
> 81을 9로 나눈 몫은 35에서 27을 뺀 차보다 큽니다.

> **문제** □와 △를 사용해 식을 나타내어 봅시다.
> □, △는 어떤 수를 나타냅니다. □, △를 사용하여 알맞은 식을 써 보시오.

3학년 2학기 수학 교과서에 수록된 〈여러 가지 문제 (2)〉 단원에서는 앞서 학습한 내용을 바탕으로 더 높은 수준의 사고력을 요하는 문제나 두 단원 이상의 내용이 연결된 문제 등을 다루었습니다. 여기에 익힘책까지 더해졌으니 이 시기의 학생들은 역사상 가장 많은 문제를 풀어야 했습니다. 이 과정을 거친 부모들은 지금의 초등학교 수학 교과서가 상대적으로 단순하고 쉬워 보일 수도 있습니다. 현재의 수학 교육에서 중점을 두는 것은 높은 수준의 어려운 문제를 풀어내는 것보다 학생들이 스스로 생각해서 문제를 해결하도록 유도하는 것이기 때문입니다.

요즘 수학 문제, 이렇게 달라졌습니다

앞서 확인한 것처럼 초등 수학의 교육과정은 계산 능력 중심에서 수학적 사고력을 향상시키는 방향으로 변하고 있습니다. 그러나 '결국 계산을 해야 하는 것은 마찬가지 아닌가' 하며, 도대체 사고력 중심 수학은 무엇이 다르다는 것인지 궁금할 수 있습니다. 빠른 이해를 돕기 위해 변화의 시작인 6차 교육과정과 최신 개정인 2015 개정 교육과정의 수학 교과서 3학년 1학기 〈덧셈과 뺄셈〉 단원을 비교해보겠습니다.

여기서 잠깐, 2003년의 7차 교육과정 개정 이후 기존의 교육과정 체계가 바뀌면서 명칭도 달라졌습니다. 7차 교육과정 이후부터는 개정 교육과정이 공표된 연도가 교육과정의 정식 명칭이 됩니다.

그림 1_ 부모 세대와 현 아이들의 수학 교과서 비교

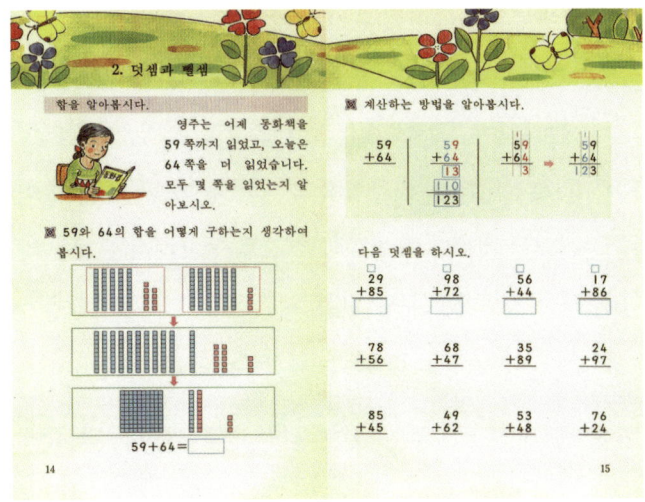

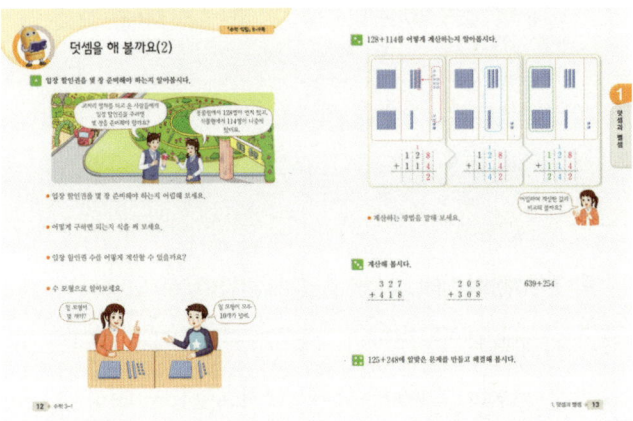

위: 6차 교육과정 초등 수학 3-1 〈덧셈과 뺄셈〉 6차 교육과정에서는 합을 구하는 방법, 즉 계산 방법에 초점을 두고 있다.

아래: 2015 개정 교육과정 초등 수학 3-1 〈덧셈과 뺄셈〉 2015 개정 교육과정에서는 대화체 문제를 출제해, 아이들이 일상생활에서 문제 해결, 자료의 해석, 의사소통, 추론 능력 등을 활용할 수 있게 하고 있다.

지금까지 2007 개정 교육과정, 2009 개정 교육과정, 2015 개정 교육과정의 순서로 개정되었으며, 아이들이 개정된 교육과정을 배우게 되는 시기는 보통 2년 뒤부터입니다. 즉 가장 최신의 초등학교 3학년의 2015 개정 교육과정은 2018년부터 적용되었습니다.

다시 본론으로 돌아와 6차 교육과정과 2015 개정 교육과정의 3학년 1학기 〈덧셈과 뺄셈〉 단원의 수학 교과서를 살펴보겠습니다 (그림 1).

6차 교육과정과 2015 개정 교육과정에는 확연한 차이가 있습니다. 앞서 설명했듯 6차 교육과정의 〈덧셈과 뺄셈〉 단원은 이전 교육과정과 별다른 차이가 없습니다. 그러나 가장 최근에 개정된 2015 개정 교육과정에서는 상황을 문제로 만들어 일상생활에서 덧셈이 어떻게 쓰이는지를 보여주고, 수 모형을 이용해 세로셈의 원리를 설명합니다.

이는 '수학적 과정'이란 명칭 아래 , 창의성, 추론, 자료의 해석, 문제 해결, 태도, 의사소통의 능력을 강조해 생각하는 힘을 기르도록 하기 위한 것입니다. 주어진 정보를 파악한 다음, 자신만의 창의적인 방법으로 문제를 해결하고, 그 추론 과정을 표현하도록 하는 것이지요.

다시 말해, 문제의 과정을 이해하고, 왜 그런 과정을 거쳐 문제를 해결하는 것이 좋은지를 설명할 수 있어야 한다는 뜻입니다. 수학적 사고력을 중시하는 경향을 뚜렷이 보여주지요. 단순히 계산 과정과 정답만 중시하던 과거의 수학 교육과 현재의 수학 교육이 가장 큰 차이를 보이는 지점입니다.

답은 아는데 설명을 못 하겠다고요?

대부분의 부모들은 아이들이 들고 오는 수학 문제의 답을 찾는 데에는 큰 어려움을 겪지 않습니다. 그러나 왜 그 답이 나왔는지, '과정'을 설명하려고 하면 막막해지는 경우가 많습니다. "아는데 설명을 못 하겠다" "금방 답이 나오는데 아이는 왜 이렇게 빨리 못 푸는지 답답하다"라며 한탄하기도 합니다. 그런데 사실 부모들이 '아는' 것은 단순히 답을 찾는 방법에 지나지 않을지도 모릅니다. 부모들이 배운 수학은 그랬으니까요.

그러나 최근 수학 교육의 핵심은 논리적 사고력을 키우는 것입니다. 사실, '계산 과정'은 '사고력'과 같은 말이라고 할 수 있습니다. 따라서 '생각하는 힘'이 강조되는 이 시대에 수학의 중요성이 대두되고 있는 것입니다. 그런데 계산의 답을 빨리 찾는 데에만 급급한 수학을 배운 부모 세대는 이 사실을 모르고 있는 경우가 많습니다.

진정으로 아이들에게 도움이 되고 싶다면 '안다'는 편견을 버리고 아이들의 눈높이에서 수학을 다시 이해하는 과정이 필요합니다. 학교의 교육과 부모의 교육이 다르다면 아이는 혼란을 느낄 수밖에 없습니다. 특히나 초등학교 3학년은 중고등 수학의 기초 실력이 만들어지는 시기입니다. 아이들이 필요로 하는 도움을 주기 위해서는 우리도 노력해야 합니다. 지금은 부모의 노력이 아이를 키우는 시대라는 것을 누구도 부정할 수 없기 때문입니다.

03
수학 100점이 가져다주는 함정

아이들이 수학 시험에서 100점을 받았다고 하면 기분이 어떠십니까?

부모 입장에서는 당연히 기분이 좋을 것입니다. 그러나 그것만 보고 무조건 잘하고 있구나, 안심하면 안 됩니다. 통지표에 온통 긍정적인 말만 써 있다고 해서 그것이 꼭 성적이 좋다는 의미도 아닙니다. 얼마 전, 6학년 때 담임을 맡았던 아이의 부모와 이야기를 나눈 적이 있습니다. 그때 그분께서 이런 말씀을 하셨습니다.

"초등학교 통지표 때문에 제대로 뒤통수 맞았어요."

초등학교 때 늘 좋은 말 위주의 통지표를 받아오던 아이라서 당연히 공부를 잘하고 있다고 생각했는데, 막상 중학교에 올라가서 시험을 쳐보니 성적이 중위권밖에 되지 않아 당황스러웠다는 것이었습니다.

"차라리 초등학교 때 아이의 성적에 대해서 솔직하게 말씀을 해주셨더라면 미리 대비라도 했을 텐데, 사춘기까지 온 아이를 붙잡고 공부를 시키려니 너무 힘들어요."

어째서 이런 일이 생겼을까요? 통지표에 대한 오해 때문입니다. 과거 부모 세대는 초등학교 때 전 과목의 성적이 '수·우·미·양·가'로 적나라하게 평가된 통지표를 받았습니다. 등수도 명확하게 기재되어 있었지요. 우리는 이렇게 전교생이 같은 날 동시에 시험을 본 후 성적을 평가하고 등수를 매기는 방식에 익숙합니다. 그래서 부모들에게는 '통지표=성적표'라는 인식이 강합니다.

그러나 지금은 초등학교 전 학년에서 모든 학생들이 일제히 치르는 시험 자체가 사라지고 있습니다. 현행 교육부가 발행한 자료집에서는 '학생의 학습과 성장을 촉진할 수 있도록 과정을 중시하는 수행 평가'를 강조하고 있습니다. 이에 따라 아직 전체 시험을 치르는 일부 학교가 있기는 하지만 대체로 담임의 재량에 따라 단원 평가, 수행 평가 등을 통한 '과정 중심 평가'를 하고 있습니다.

과정 중심 평가의 취지는 이렇습니다

 그렇다면 '과정 중심 평가'란 도대체 어떻게 이루어지는 것일까요. 말 그대로 '결과'가 아니라 '과정'을 중시한다는 것이 핵심입니다. 따라서 학생의 성취도를 평가할 때 지필 시험의 성적뿐만 아니라 평소 수업 중에 보여주는 학습 태도, 지식, 기능 등을 종합적으로 반영합니다. 그래서 현행 통지표에는 학생의 성적이 아니라 성장과 발달 과정이 중점적으로 기록되고 있습니다.
 이렇다 보니 지필 평가에서 100점을 받은 학생도 수행 평가나 수업 태도, 학습 동기 등이 부족하다면 통지표에는 다소 부족하다는 평가가 실릴 수 있습니다. 반대로 지필 평가의 점수는 살짝 부족하더라도 수행 평가 성적이 좋다거나 평소의 수업 태도 등에서 좋은 모습을 보였다면 통지표에 긍정적인 평가가 담기겠지요.
 이러한 방식은 아이들을 어릴 때부터 성적으로 줄 세우는 폐단을 막고 과도한 경쟁을 줄이고자 하는 것입니다. 물론 훌륭한 취지고 바람직한 방향이지요. 그러나 아이의 학업 성취도를 정확하게 판단하고 그에 대한 대책을 생각할 필요가 있는 부모 입장에서는 객관적인 지표를 얻을 수 없다는 아쉬움이 있을 수밖에 없습니다.

 사실 과정 중심 평가의 도입 취지는 아이가 무엇을 잘하고 무엇에 부족함이 있는지를 부모에게 정확하게 전달해 아이가 더 나은 방향으로 성장할 수 있는 방법을 교사와 부모가 함께 생각해보자는 것이었습니다. 그래서 원래는 교사가 아이를 처음 보았을 때는 어떤 모습이었는데 이번 학년 학습 과정을 거치면서 어느 정도의 성취를 달성했고, 어떤 부분이 아직 미흡하다고 생각되는지 등등을 가감 없이 알려주도록 하고 있습니다.

하지만 우리 정서상 부모에게 아이의 부족한 부분을 지적하는 것이 쉬울 리가 있겠습니까. 그래서 통지표에 아이가 잘하는 것들 위주로 기록을 하고, 부족한 부분은 에둘러 표현하거나 잘 언급을 하지 않는 경우가 대부분입니다.

이런 상황을 잘 모르는 부모들은 온통 좋은 말만 적혀 있는 통지표를 보고 아이가 잘하고 있겠거니 합니다. 하지만 요즘은 통지표의 속성을 파악한 부모들도 많습니다. 그래서 정말 우리 아이가 잘하고 있나 의심을 하기도 하고, 아이의 성적에 대한 정확한 정보를 얻고 싶어 하기도 합니다. 앞서 언급한, 초등학교 통지표 때문에 뒤통수를 맞았다던 부모처럼 될까 봐 두려운 것이지요.

학교 시험 100점의 의미

100점이라고 해서 다 같은 100점이 아닙니다. 학교 시험에서 받아오는 100점의 의미, 문제집을 풀고 받는 100점의 의미, 학원에서 받아오는 100점의 의미를 따로 구분해서 이해해야 합니다. 먼저 학교 시험의 경우, 요즘은 전교생이 일률적으로 치르는 시험이 줄어든 대신 각 반별로 '단원 평가'를 많이 활용하는 편입니다.

그런데 이 단원 평가라는 것은 담임의 재량으로 치러지는 것입니다. 요즘은 담임의 재량권이 커서 교과서의 내용도 교사가 재구성을 할 수 있습니다. 즉 교과서의 모든 내용을 다 가르칠 필요 없이 교사가 자신의 전문성을 바탕으로 수업 내용을 조절할 수 있는 것입니다. 그래서 평가에 있어서도 교사의 개별적 특성이 반영될 수밖에 없습니다. 그러니 아이가 학교 시험에서 좋은 점수를 받았다는 것은 학교 수업을 잘 듣고 선생님이 전달하는 핵심을 잘 파악했다는 뜻이지요. 따라서 문제집도 잘 풀고 학원에서도 좋은 점수를 받아오는 아이가 유독 학교 시험에서만 기대 이하의 성적을 받아온다면 아이의 학교 수업 태도를 점검해보아야 합니다.

문제집 100점의 의미

문제집에 실린 문제들을 잘 푸는 아이들은 대부분 문제의 유형을 잘 파악하고 있는 경우가 많습니다. 문제집은 일방적인 설명밖에 할 수 없기 때문에 대부분 스스로 배우고 스스로 익히는 자학자습自學自習용입니다. 따라서 수학의 핵심 내용을 정리하고 그 정리를 바탕으로 문제를 출제할 수밖에 없다는 한계가 있습니다. 틀에서 벗어난 문제를 출제하면 그 문제에 대한 설명을 하기가 쉽지 않기 때문입니다.

그래서 문제집의 문제들은 특정한 유형이 있을 수밖에 없습니다. 수학의 원리를 잘 이해하고 문제를 푸는 아이들도 있겠지만, 단순히 이 유형에 익숙해져서 능숙하게 문제를 푸는 것처럼 보이는 아이들도 있습니다. 이런 아이들은 문제의 유형이 조금만 바뀌어도 당황하거나, 응용된 문제를 제시하면 해결을 못 하는 경우가 많습니다.

따라서 아이가 특정 문제집의 유형에 익숙해지지 않도록 문제집의 난이도를 조절해주거나 다양한 유형의 문제집을 접할 수 있도록 해주는 것이 아이의 진짜 실력을 키우는 데 도움이 될 것입니다.

학원 시험 100점의 의미

학원에서 늘 100점을 받아오는 아이들의 모습도 유심히 살펴볼 필요가 있습니다. 모든 학원이 다 그렇다고 단정 지을 수는 없지만, 수학의 원리를 심도 있게 가르치기보다는 문제를 잘 풀 수 있는 요령을 위주로 가르치는 학원들이 많습니다. 학원은 상업적 목적으로 설립된 곳이다 보니 아무래도 부모에게 빠르게 성과를 보여주는 것이 중요하기 때문입니다.

학원에서는 강사가 핵심 요약정리를 반복해서 해줍니다. 그것을 확인하는 문제들도 많이 풀게 하지요. 그러다 보면 아이들은 문제를 푸는 데 능숙해집니다. 그런 아이들의 모습을 보고 부모들은 아이의 실력이 늘었다고 생각하지요. 물론 실제로 실력이 느는 아이들도 많이 있습니다. 그러나 개중에는 단지 반복되는 과정에 익숙해졌을 뿐 실제 수학의 원리에 대한 이해는 부족한 경우도 종종 있습니다.

게다가 대부분의 학원에서는 시중에서 시판하는 문제집들을 교재로 삼고 있습니다. 그러면 조금 전에 언급한 문제집의 한계들이 더해질 수밖에 없습니다. 그러니 아이가 늘 100점을 받아오는 학원이라고 무조건 믿고 맡기지 말고, 학원이 아이의 수준에 맞지 않는 것은 아닌지 고민해보는 것이 좋습니다. 늘 같은 학원만 고집하지 말고, 아이가 조금 더 도전적인 자세를 가질 수 있도록 학원을 바꿔주는 것도 고려해볼 필요가 있습니다.

＋－×÷

100이라는 숫자에 갇히지 말자

어디에서건 아이들이 100점을 받는다는 것은 중요한 경험입니다. 100점을 받았다는 그 자체가 중요한 것이 아니라 그러한 성취감을 맛보았다는 것이 중요한 것입니다. 그러나 부모가 자칫 점수에만 집착하여 과도하게 칭찬을 한다든가, 혹은 과도하게 압박을 가한다면 아이들은 본말이 전도된 잘못된 인식을 가지게 될 수도 있습니다.

아이들이 문제를 풀면서 진짜로 신경 써야 할 것은 자신이 몇 점을 받을 것인가가 아니라 자신이 배운 내용을 얼마나 잘 이해하고 있는가입니다. 그러므로 아이들이 100점을 받았다고 지나치게 우쭐대거나, 혹은 100점을 받지 못했다고 지나치게 주눅 드는 것은 모두 바람직하다고 볼 수 없습니다. 이는 배움에 대한 잘못된 자세를 심어줄 수 있기 때문입니다. 중요한 것은 점수보다 아이의 학업 이해도라는 것을 꼭 기억하기 바랍니다.

04 우리 아이 '수포자' 신호를 잡아라!

세상에 아무 이유 없이 어느 날 갑자기 일어나는 일은 거의 없습니다. 다 전조 증상이 있기 마련입니다. 지진이 오기 전에 동물들이 이상 행동을 보인다거나, 하늘에 평소와 다른 모양의 구름이 나타나는 것처럼 말입니다. 이런 전조 증상들을 빨리 알아차리지 못하면, 쉽게 대처할 수 있었던 일들이 손쓰기 어려운 지경에 이르기도 합니다.

일찍감치 수학을 포기하는 아이들의 경우도 마찬가지입니다. 어느 날 갑자기 수학을 포기하는 아이들은 없습니다. 그 전에 이미 여러 가지 신호들을 보이는데, 아무도 그것을 눈치채지 못하면 혼자 괴로워하다 결국 포기에 이르는 것이지요. 당연하게도 이런 신호들은 일찍 발견할수록 해결이 쉽습니다. 초등 단계의 아이들은 아직 얼마든지 희망이 있습니다.

그러나 그 신호를 알아챌 준비를 하기 전에 먼저 생각해보아야 할 것이 있습니다. 바로 아이들이 수학을 포기하게 되는 근본적인 이유입니다. 원인을 그대로 둔 채 겉으로 드러난 문제만 해결하려고 한다면 같은 문제가 언제든 다시 반복될 수 있으니까요.

수학 포기의 전조 증상

우선은 두 가지 경우로 나누어볼 수 있습니다. 첫 번째 경우는 의학적으로 학습 능력에 문제가 있는 경우입니다. 시청각적인 장애나 정신 지체 등의 이상이 없고, 지능이 보통이거나 그 이상임에도 불구하고 학업 능력에 이상을 보이는 경우를 의학적으로 '학습 장애 learning disorder'라고 합니다. 읽기와 산술, 쓰기의 기능에 대한 표준 검사에서 나이, 지능, 학력 등을 고려한 기준의 50% 이하의 성취도를 보일 때 학습 장애 판단을 받게 됩니다.

학습 장애가 발생하는 원인 중 가장 중요한 것은 중추신경계와 대뇌가 관련된 유전적 요인이라고 합니다. 따라서 이런 문제는 일반적인 교육 현장에서 해결할 수 있는 것이 아닙니다. 이런 증상이 있는 아이들은 조기에 발견하여 특수 교육과 약물 치료 등의 도움을 받을 수 있도록 하는 것이 중요합니다.

예를 들어, 지능은 정상이지만 글자를 읽거나 쓰는 데 어려움을 보이는 '난독증'을 가지고 있는 아이의 경우, 부모들이 아이를 단순히 부진아로 오해하여 치료 시기를 놓치는 일이 많습니다. 의사들의 말에 따르면 난독증은 초등학교 4학년 이전에 치료를 시작할 경우 대부분 교과과정을 이수하는 데 지장이 없을 정도로 좋아진다고 합니다.

사실 이런 경우에 속하는 아이들은 극히 소수입니다. 그래도 혹시 아이가 말을 더디 배운다거나, 발음상의 문제가 있다거나, 숫자를 익히고 단어를 맞추는 데 어려움을 겪는 것처럼 보인다면 난독증 같은 학습 장애를 의심해볼 필요가 있습니다. 만에 하나라도 그런 문제가 있다면 하루라도 빨리 적절한 치료를 받게 해야 합니다.

사실상 대부분의 '수포' 아이들은 두 번째 경우에 속하는데, 바로 학습적 상황의 문제입니다. 그런데 이는 아이에게 맞는 학습적 상황을 조성해주면 해결될 수 있는 문제이므로 부모의 노력으로 얼마든지 해결할 수 있습니다. 그리고 이는 사실 부모의 태도로부터 기인한 문제이기도 합니다.

"우리 아이는 머리는 똑똑한데 노력을 안 해서 성적이 잘 안 나옵니다."
"우리 아이가 마음먹고 제대로 열심히 하면 정말 잘할 수 있거든요?"

많이 익숙한가요? 이렇게 말하지 않더라도 비슷한 생각을 하고 있는 사람들 또한 적지 않을 것입니다. 그러나 학습 부진이 발생하는 이유는 대부분 머리의 좋고 나쁨보다는 바로 그 '노력 안 하는 태도' 때문입니다. 학생들의 기초 학력 미달 현황을 다룬 한 뉴스 기사에서 발췌한 그림 1의 그래프를 보겠습니다.

중·고등학생을 대상으로 한 조사 결과이지만 이는 어차피 초등학생의 미래 상황이므로 의미가 크게 다르지 않습니다. 이 그래프를 통해 수학에서 기초 학력이 미달되는 학생들의 비율이 다른 주요 과목에 비해 월등히 높다는 것을 한눈에 알 수 있습니다. 달리 말

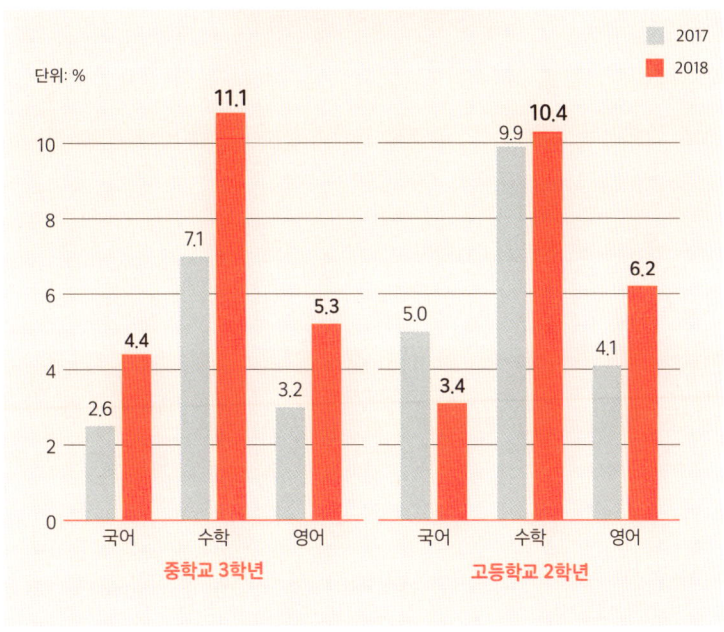

출처: 교육부, 〈2018년 국가 수준 학업성취도 평가〉, 2019.3.28.

하면 다른 과목의 기초 학력은 괜찮은데, 유독 수학만 부족한 학생들의 수가 그만큼 많다는 의미도 됩니다. 다른 과목을 공부하는 데 문제가 없다면 학생의 학습 능력에는 이상이 없는 것이 확실하니, 수학 성적이 부진한 이유도 학습 능력의 문제가 아닌 것이지요.

학습 부진아들의 실태를 연구한 자료들을 살펴보면, 다른 과목들은 괜찮은데 수학만 부진한 모습을 보이는 아이들의 사례는 많은 반면, 수학은 괜찮은데 다른 과목들에서 문제를 겪는 경우는 극히 적습니다. 이는 앞에서도 계속 강조한 바 있는 수학의 위계적 특성 탓에 한번 흐름을 놓치기 시작하면 어려움이 누적되어 성적 격차가 벌어지기 때문입니다. 그래서 아이들이 수학을 포기하는 상태까지 가기 전에 미리 전조 증상을 감지하는 것이 중요합니다. 호미로 막을 수 있는 것은 호미로 막아야지요. 가래로도 막을 수 없게 되기 전에 말입니다.

그런데 아이들은 자신들의 수학 성적이 부진한 이유에 대해서 어떻게 생각하고 있을까요? 이를 먼저 알아보는 것이 아이들이 수학을 포기하기 전에 보이는 전조 증상을 이해하는 데 도움이 될 것입니다. 이를 위해 한 논문의 설문 조사 결과를 살펴보겠습니다.

표 1을 살펴보면 3, 4학년 시기까지만 하더라도 자신의 수학 성적이 부진한 이유가 '정서·행동 장애' 때문이라고 생각하는 아이들이 많다는 것을 알 수 있습니다. 즉 자신이 수업에 집중을 못 하고 주의가 산만해서 공부를 못한다고 느낀다는 것이지요. 이때만 해도

표 1_ 수학 학습 부진의 원인에 대한 설문 조사 결과　　　　빈도(백분율)

선택 내용	3학년	4학년	5학년	6학년	합계
학습 동기 결핍 및 잘못된 습관	3 (9.7%)	8 (23.5%)	14 (42.4%)	16 (36.3%)	41 (28.9%)
선수학습의 결손	6 (19.3%)	3 (8.8%)	9 (27.2%)	14 (31.8%)	32 (22.5%)
학습 장애	2 (6.5%)	2 (5.9%)	2 (6.0%)	4 (9.0%)	10 (7.0%)
정서 행동 장애	11 (35.5%)	11 (32.4%)	1 (3.0%)	5 (11.4%)	28 (19.7%)
읽기·쓰기·셈하기의 기초 기능 미달	6 (19.4%)	4 (11.8%)	3 (9.0%)	3 (6.8%)	16 (11.3%)
기타	3 (9.7%)	6 (17.6%)	4 (12.0%)	2 (4.6%)	15 (10.5%)
합계	31 (88.6%)	34 (89.5%)	33 (94.3%)	44 (86.3%)	142 (91.2%)

출처: 박주경·오영열 〈초등학교 수학 학습 부진 발생 경향 분석〉, 한국초등수학교육학회, 한국초등수학교육학회지, 2013.

'학습' 자체에 대한 어려움을 크게 느끼는 것 같지 않습니다.

그런데 5, 6학년이 되면 생각의 변화가 확연히 보입니다. '학습 동기 결핍 및 잘못된 습관'과 '선수학습의 결손'이라고 생각하는 아이들의 비중이 눈에 띄게 높아지는 것입니다. 습관이란 한번 굳어지면 고치기 어려운 것인데, 이미 스스로에게 잘못된 습관이 들었다고 생각한다거나 선수학습의 결손, 즉 이전 학년에서 배워야 할 것을 제대로 배우지 못했다고 느끼는 아이들은 벌써 수학에서 꽤나 멀어진 상태입니다. 다시 제 궤도를 찾기까지는 꽤 힘겨운 과정이 될 것입니다.

그러니 고학년이 되어서 이런 문제를 겪기 전에 미리 아이들의 전조 증상을 알아차리고 적절한 도움을 주는 것이 중요합니다. 그렇다면 아이들이 수학을 포기하기 전에 보이는 전조 증상으로 어떤 것들이 있는지 구체적으로 살펴보도록 하겠습니다.

+ − × ÷

갑자기 수학이 어렵다고 하는 아이

아이가 어느 날 갑자기 수학이 어렵다고 한다면 부모 입장에서는 대부분 어떻게 해줘야 하나 생각이 많아질 것입니다. 그런데 저학년, 특히 초등학교 1, 2학년 아이를 둔 부모 중에는 간혹 너무 쉽게 생각하는 사람들이 있습니다. 그래서 이렇게 말하기도 합니다.

"이제 겨우 1학년인데 어려울 게 뭐가 있겠어?"
"1학년 때는 놀아야지. 벌써부터 공부에 스트레스 안 받아도 돼."
"지금은 몰라도 괜찮아. 나중에 저절로 알게 돼."

그러나 이것은 어른의 입장에서 너무나 편하게 생각하는 것입니다. 3세부터 5세까지의 유아를 위한 국가 수준의 공통 교육과정을 '누리과정'이라고 합니다. 이 과정을 통해 요즘 아이들은 유치원에서 20까지의 수를 배우고 초등학교에 입학합니다. 초등학교 1학년 과정에서는 1부터 9까지의 수와 이를 이용한 간단한 덧셈과 뺄셈을 배웁니다. 그래서 1학년 아이가 수학이 어렵다고 이야기하면 부모들은 유치원에서 이미 다 배운 내용인데 뭐가 어렵겠느냐며 그냥 공부하기 싫어서 부리는 투정쯤으로 받아들이기 쉽습니다.

그러나 유치원에서는 행동을 통해 몸으로 수를 익히는 것뿐입니다. 초등학교 1학년 과정에서는 이에 더해 숫자와 기호 등으로 수를 추상화하여 나타내는 법을 배웁니다. 그러다 보니 머리로는 이해하지만 막상 표현에는 서툰 아이들도 있습니다. 표현에만 서툰 것이 아니라 수의 개념 자체에 대한 이해가 충분하지 않을 수도 있습니다. 1학년 수학도 아이에 따라서는 얼마든지 어려울 수 있다는 것이지요.

앞에서도 언급했듯 초등 수학의 부진은 부모가 눈치채지 못하는 사이에 이미 1학년 때부터 시작되기도 합니다. 그런데 부모가 보기에 쉽다고 해서 아이가 이야기하는 어려움을 너무 가볍게 취급하거나 무시해버리면 아이는 점점 자신이 겪는 어려움에 대해 말하기 어려워질 수 있습니다. 혹은 아이도 부모가 생각하는 것처럼 자신의 상황을 대수롭게 않게 여기고 개선하려는 노력을 별로 하지 않을 수도 있지요.

그러니 아이가 어려움을 호소하거나 그런 낌새가 보이면 그 내용이 아무리 쉬워 보여도 어른의 입장에서 판별하지 말고 아이의 입장에서 진지하게 함께 고민해보고 냉철하게 판단해야 합니다. 아이가 조금이라도 수학에 대해 자신감이 떨어지거나 어려워하는 모습을 보이는 바로 그 시기가 아이의 수학 미래를 결정하는 중요한 갈림길이 될 수 있습니다.

특히 이런 문제는 1학년이나 2학년 같은 저학년 시기에 더 중요하기 때문에 부모는 더 민감하게 아이를 살피고 냉철하게 판단해야 합니다. 이 시기에 수학에 대한 인식을 어떻게 심어주는가가 앞으로의 학습 태도에 큰 영향을 미치기도 할뿐더러 수학의 위계적인 특성상 저학년 시기부터 수학을 어려워하기 시작하면 학년이 올라갈수록 점점 더 수학을 어려워하게 될 가능성이 매우 크기 때문입니다.

1, 2학년 시기가 아니더라도 아이가 수학을 어렵다고 할 때는 언제든 귀를 기울이고 촉을 세워야 합니다. 아이가 힘들어할 때 아이가 어려워하는 것이 구체적으로 '무엇'인지 세심하게 이야기를 나누어보는 것이 좋습니다. 만약 문제집이나 학원 때문에 어려움을 호소한다면 난이도를 조절해주는 것이 좋습니다. 억지로 어려워하는 것을 붙들고 있게 했다가는 수학 자체에 대한 거부감이 커질 수 있어 득보다 실이 많기 때문입니다. 문제집이나 학원의 경우 보통

선행 학습을 위주로 하는 경우가 많기 때문에 이를 해결하는 것은 그리 어려운 문제가 아닐 것입니다. 선행 학습의 진도를 줄인다거나 문제집 난이도를 낮추는 것으로 문제를 해결할 수 있습니다.

그러나 만약 학교 수업에서 어려움을 느끼고 있다면 이는 동급생들보다 학업 성취도가 떨어지고 있다는 의미이니 주의해서 더 큰 격차가 벌어지지 않도록 빨리 해결책을 찾는 것이 좋습니다. 특히 고학년의 아이일수록 도형이나 측정 영역, 수와 연산 영역 등 특정 영역만 어려워하는지, 아니면 전반적인 수학 수업을 따라가기가 버거운 것인지를 유심히 보아야 합니다. 아이의 상황에 따라서 기초를 다시 다져야 하는지, 특정 영역에 대한 이해를 강화하기 위한 학습을 해야 하는지 구분해서 상황에 맞는 도움을 주어야 하기 때문입니다. 만약 특정 영역에 대한 강화 학습이 필요하다면 이 책에서 앞으로 다룰 '영역별 체크 포인트'를 잘 활용하기 바랍니다.

무작정 수학이 싫다고 하는 아이

아이가 무작정 수학이 싫다고 할 때 부모는 참 난감합니다. 왜 싫은지 이유라도 알아야 어떻게든 해볼 텐데, 그냥 '힘들다' '어렵다' 같은 뻔한 소리만 되풀이하면 아이도 부모도 지치겠지요. 사실은 아이들도 구체적인 이유를 모르고 있을 수 있습니다. 어른들도 자신이 싫어하는 일에 굳이 이유를 끌어다 붙이려 하지 않고 그냥 싫은 건 싫은 거라며 우길 때가 있지 않습니까.

그러나 수학 공부처럼 명확하게 해결을 하고 넘어가야 하는 문제는 그렇게 두루뭉술하게 넘겨서는 안 됩니다. 아이 스스로 이유를 찾지 못한다면 부모가 함께 차근히 고민해주어야 합니다.

표 2의 테스트지를 통해 아이가 수학에 대해 어떤 생각을 가지고 있는지 살펴보면, 수학을 싫어하는 이유를 보다 구체적으로 파악하는 데 도움이 될 것입니다. 해당하는 곳에 ∨ 표시를 해서 아이의 수학에 대한 호감도를 확인해보십시오.

수학에 대한 호감도는 총점을 기준으로 0~5점은 1단계, 6~10점은 2단계, 11~15점은 3단계, 16~20점은 4단계, 21점 이상은 5단계로 구분할 수 있습니다. 4, 5단계에 해당하는 아이들은 수학에 대한 호감도가 높은 편이어서 앞으로 학습 성취에 큰 문제가 없습니다. 그러나 1, 2단계의 낮은 호감도를 보인다면 부모가 아이와 함께 수학에 대한 호감도를 떨어뜨리는 원인들을 하나씩 해결해 나가며 아이가 수학에 대한 흥미와 자신감을 회복하도록 도와주어야 합니다.

항목별로 살펴보겠습니다. 수학의 가치와 동기 부분에서 높은 점수를 보이는 학생은 수학 공부를 해야 하는 이유를 받아들이고 있는 것으로 볼 수 있습니다. 반대로 이 부분의 점수가 낮은 학생은 수학 공부의 동기가 많이 부족한 것으로 보아야겠지요.

흥미와 학습 의지, 효능감 부분의 점수가 높은 학생은 수학 학습

표 2_ 수학 호감도 테스트지

항목		질문	확인	배점
가치	1	수학은 그 자체로 중요하다		1
	2	다른 과목을 배우는 데 수학이 도움이 된다		1
	3	수학 공부는 내 장래희망에 도움이 된다		1
흥미	4	나는 수학이 좋다		1
	5	나는 새로운 수학 개념을 배우는 것이 재미있다		1
	6	나는 수학 문제 푸는 것을 좋아한다		1
	7	수학은 재미있는 과목이다		1
외적 동기	8	나는 수학 과목에서 좋은 성적을 받고 싶다		1
	9	나는 수학을 잘하는 학생으로 인정받고 싶다		1
내적 동기	10	나는 수업에서 배우는 것보다 더 어려운 수학을 배우고 싶다		1
	11	나는 새로운 수학 지식을 배우고 싶어서 공부한다		1
학습 의지	12	나는 누가 시키지 않아도 스스로 수학 공부를 한다		1
	13	나는 수학 수업 시간에 모르는 것이 있으면 알려고 노력한다		1
	14	나는 수학 공부가 어려워도 포기하지 않는다		1
	15	나는 수학 문제가 풀릴 때까지 계속해서 시도한다		1
효능감	16	나는 수학을 잘하는 학생이라고 생각한다		1
	17	나는 수학을 이해하는 속도가 빠른 편이다		1
	18	나는 앞으로 수학을 더 잘할 수 있다고 생각한다		1
학습 태도	19	나는 수학을 공부할 때 양이나 시간의 계획을 세워서 한다		1
	20	나는 수학을 공부할 때 내가 제대로 이해하지 못한 것들이 무엇인지 파악하려 한다		1
	21	나는 수학 수업 시간에 수업을 열심히 듣는다		1
	22	나는 수학을 공부할 때 방해가 되는 것(휴대폰, 컴퓨터 등)을 치운다		1
총점				/22

에 대한 긍정적인 생각이 많이 내재되어 있으므로 이미 좋은 성적을 거두고 있을 가능성이 큽니다. 만약 현재의 성적이 약간 부족하다고 해도 앞으로 성적이 향상될 가능성이 충분하므로 크게 걱정하지 않아도 될 것입니다.

반대로 아이가 이 항목들에서 낮은 점수를 얻었다면 왜 수학에 대한 흥미와 의지, 효능감이 떨어졌는지 반드시 원인 파악을 해야 합니다. 혹시 지금의 학습 방식이 너무 지루한 것은 아닌지, 수학에 대한 자신감을 떨어뜨리는 것이 무엇인지 등등을 꼼꼼히 체크해볼 필요가 있습니다.

마지막의 학습 태도 영역은 습관과 관련된 부분입니다. 가치, 흥미, 동기, 효능감 등은 외적으로 잘 드러나지 않지만 학습 태도는 밖으로 드러나 보이는 부분입니다. 그래서 부모가 관찰을 통해 직접 살펴볼 수 있고 바로 잡아줄 수도 있습니다. 이 부분의 점수가 낮다면 수학 공부에 문제가 없을 수가 없습니다. 겉으로 잘 보이는 부분인 만큼 학습 태도는 평소에도 꾸준히 관찰하며 교정을 해주는 것이 좋습니다.

지금 이야기한 대표적인 전조 증상 외에도 아이가 단순한 계산 실수가 잦아졌다거나, 질문에 엉뚱한 답을 하는 경우가 늘어난다거나 하는 것도 눈여겨볼 필요가 있습니다. 이렇게 주의력이 흐트러지는 것은 아이의 정서적 문제와 관련이 있을 때가 많습니다. 그럴 때는 수학을 떠나 혹시 따로 신경 쓰이는 문제나 고민거리가 있는지 허심탄회하게 대화해보는 것을 권합니다. 가끔씩은 생각의 전환이 필요합니다. 수학 학습 부진의 원인이 의외로 엉뚱한 곳에 있을 수도 있으니까요.

05 초3 수학, 이것만 기억하세요

초등학교 3학년이 되면 무엇이 달라질까요?

아이들은 초등 6년 중 3학년 시기를 가장 새롭게 느낍니다. 가장 먼저, 과목의 이름이 많이 다릅니다. 2학년까지는 통합 교과라고 해서 봄, 여름, 가을, 겨울, 안전한 생활, 그리고, 국어와 수학 과목을 배우지만, 3학년부터는 국어, 도덕, 사회, 수학, 과학, 체육, 음악, 미술, 영어까지 세분화된 과목을 배우게 됩니다. 그러다 보니 학생들이 느끼는 3학년은 아주 특별한 느낌으로 다가옵니다. 이렇게 다르다고 느끼는 아이에게 수학은 어떤 것이 다른지 정확하게 짚어주고 안내해주어야 합니다.

'놀이 수학'이 사라지고 '생각 수학'이 생긴다

초등학교 1, 2학년 과정은 학생들의 발달 단계를 고려하여 보다 쉽고 재미있게 수학을 배울 수 있도록 매 단원의 마지막에 '놀이 수학'이라는 차시를 만들었습니다. 그러다 보니 일반 수업 시간에도 놀이를 수업에 접목하는 경우가 많이 있습니다.

하지만 1, 2학년 때 놀이로 가볍게 다루던 내용을 3학년부터는 '생각 수학'이라는 차시로 바꾸면서 문제 해결 역량을 기를 수 있도록 하고 있습니다. 아이들의 입장에서는 생각을 해야 하는 차시가 생기다 보니 부담을 느낄 수 있습니다. 이 부분을 아이에게 꼭 알려줘야 합니다.

'생각 수학'의 중점 목표는 문제 해결 역량을 기르는 것이지만, 다른 교과나 일상과 관련한 것들도 학습하도록 구성되어 있습니다. 먼저 문제 해결 역량 측면에서 본다면, '폴리아의 문제 해결 4단계'(2장에서 자세히 설명할 것입니다)에 따라 '문제 이해 → 문제 풀이 계획 → 문제 풀이 실행 → 반성'의 순서로 단계별 질문을 하고 있습니다. 부모가 보기에는 단순한 문제들로만 보이지만 문제에 담긴 숨은 뜻은 문제 해결의 단계를 하나씩 밟아가도록 구성되어 있는 것입니다. 이때 '생각 수학'에서의 답은 약간의 유연함이 허용되므로, 아이가 대략적인 의미를 파악하고 있다면 완벽한 답을 하지 못

해도 괜찮습니다. 그리고 몇몇 활동에서는 앞선 활동과 유사한 유형의 문제를 제시한 다음, 이 유사 문제를 아이가 스스로 해결하도록 하고 있습니다. 정리하면, 아이가 '생각 수학'을 접할 때 부모는 아이가 정확한 답을 찾는 것에 초점을 맞춘다기보다, 아이가 문제 해결 단계를 바르게 거치고 있는지 파악하는 것이 중요합니다. 또 유사 문제는 앞에서 한 것을 바탕으로 처음부터 끝까지 스스로 할 수 있게 해야 합니다.

＋－×÷

'기능 숙달'을 넘어, '이해'를 위한 접근이 시작된다

수학 지도에 대한 접근 방법은 크게 세 가지로 분류하고 있습니다. 첫째는 '기능 숙달', 둘째는 '이해', 셋째는 '수학적 사고'입니다. 이 세 가지가 어느 학년에는 있고 어느 학년에는 없는 것이 아니라 모든 학년에 골고루 들어가 있습니다.

하지만 교과서를 보면 대체적으로 1, 2학년은 '기능 숙달'에 초점에 맞춰져 있다고 볼 수 있습니다. 예를 들면, 덧셈과 곱셈의 이해를 돕는 내용도 있지만, 덧셈과 곱셈을 정확하고 신속하게 하는 기능을 익히도록 하는 여러 활동이 있습니다.

그런데 3학년부터는 수학적 개념의 '이해'에 대한 내용이 많이

들어갑니다. 특히 나눗셈 같은 경우에는 그 상황에 대한 이해가 꼭 필요하기 때문입니다.

　나눗셈을 보면, 아이들이 가장 먼저 하는 것은 일명 '가로선 긋기'입니다. 그런 다음 무조건 몫과 나머지만을 구하는 것에 초점을 맞추는데, 나눗셈이 필요한 상황을 먼저 생각하도록 하는 것이 자연수의 나눗셈뿐만 아니라 소수, 분수의 나눗셈까지 이해하는 데 기초가 됩니다.

　'과자 18개를 한 봉지에 3개씩 담으면 몇 봉지가 될까요?'라는 상황과 '과자 18개를 3명에게 똑같이 나누어주면 한 명은 몇 개를 가지게 될까요?'라는 상황은 비슷한 것 같지만, 수학적으로는 다른 상황입니다. 만일 이 문제에서 과자가 20개라면 답은 어떻게 될까요? 먼저, 과자 20개를 3개씩 담는다면 당연히 6봉지에 2개가 남는다고 할 수 있습니다. 하지만 20개를 3명에게 똑같이 나누어주라고 한다면, '나누어줄 수 없다'가 답이 될 수도 있고, '6개씩 나눠주고 2개가 남는다'가 답이 될 수도 있습니다.

　이렇게 문제에서 묻고자 하는 것이 무엇인지를 파악하면서 문제 상황을 잘 이해하고, 그 상황에 맞게 답하는 것을 배워야 합니다. 나눗셈의 개념에 대해 바르게 이해하는 과정이 필요한 것입니다.

　즉 아이가 단순히 기능을 익혀 문제를 맞혔는지, 개념을 잘 이해하고 문제를 맞혔는지를 잘 살펴볼 필요가 있습니다.

아이의 발달 상황에 따른 학습 지도가 필요하다

　수학 학습에 영향을 주는 아이의 발달은 크게 세 가지로 나뉘는데, '인지적 발달' '신체적 발달' '사회적 발달'이 있습니다. 첫째 인지적 발달은 아이의 사고 능력을 말하는 것으로, 얼마나 잘 생각하고 더 나아가 추론까지 할 수 있는지를 말합니다. 둘째, 신체적 발달은 수학 활동을 할 때 소근육 등의 운동 기능을 말합니다. 예를 들어, 3학년에서 학습하는 원을 그리기 위해서는 컴퍼스를 돌릴 수 있어야 하는데, 아직 소근육이 잘 발달하지 못한 아이는 컴퍼스로 원을 그리는 것이 어려울 수도 있습니다. 이런 점을 단순히 원을 이해하지 못해서라고 볼 수 없으니, 아이의 신체적 발달을 살펴볼 필요가 있다는 것입니다. 셋째, 사회적 발달은 3학년 정도가 되면 자기의 수학 실력이 어느 정도인지를 다른 아이들과 비교하면서 다른 아이들이 자기를 어떻게 생각할지를 고민할 수 있다는 것입니다. 이런 점을 이해하고 아이에게 수학을 가르칠 때 무조건 면박이나 칭찬을 줄 것이 아니라, 아이의 정확한 수학 실력을 점검하고 수학 중에서 아이가 잘하는 것은 무엇인지, 부족한 것은 무엇인지를 분석하여 접근할 필요가 있습니다.

　인지적 발달은 학습에 있어 지식과 기능을 받아들이는 데 영향을 주게 됩니다. 아이가 해당 학년 학습을 하는 데 어려움이 있다면 그 원인이 전 학년의 학습 결손인지, 아이의 발달이 더디어서 생긴 것인지를 파악해야 합니다. 아이의 사고 과정이 해당 학년의 다른 아이들에 비해 뒤처지지 않는데, 유독 어떤 특정 과목을 잘 이해하지 못한다면 전 학년에서의 학습 결손을 먼저 점검해보는 것이 필요합니다.

신체적 발달은 실제 아이의 활동을 통해 쉽게 판단할 수 있으며, 다른 아이들보다 약간 뒤처졌다면 다양하고 반복적인 훈련을 통해 신장할 수 있습니다. 이때 중요한 것은 무리하지 않고, 아이의 성장에 맞춰 해 나가는 것입니다.

마지막으로, 사회적 발달은 부모와의 상호작용도 중요하지만, 3학년부터는 앞에서 언급 대로, 주위를 둘러볼 수 있는 생각의 크기가 커졌기 때문에 친구들과 상호작용을 어떻게 하는지를 살펴볼 필요가 있습니다. 수학 활동을 할 때 친구들과의 상호작용에서 주도적이고 적극적인지, 아니면 소극적인지를 파악해야 합니다. 만일 소극적이라면 그 원인이 부족한 수학 실력으로 자존감이 낮아서 그런 것인지, 아니면 원래 성격이 그런 것인지를 파악하여 수학 실력이 낮아서 그런 거라면 수학 영역 중에서 아이가 더 잘하는 것을 중심으로 공부하게 해 자존감을 회복시켜주어야 하고, 성격 때문이라면 아이와의 대화를 통해 적극적인 태도로 바꿀 수 있도록 노력해야 합니다.

2장

초3, 엄마의 새로운 코칭이 필요하다

01 초3부터 수학이 어려워집니다

 모든 문제에는 원인이 있습니다. 문제의 원인을 명쾌하게 한 가지로 콕 집을 수 있는 경우도 있지만, 대부분은 여러 원인들이 서로 복합적으로 작용한 결과일 때가 많지요.

 아이들이 수학을 어려워하는 것도 그렇습니다. 여러 연구 결과를 토대로 분석해보면 다양한 원인들이 복합적으로 작용하여 아이들을 수학에서 멀어지게 만들고 있다는 것을 알 수 있습니다.

 아무리 복잡한 원인이 얽혀 있는 문제라도 푸는 방법은 결국 한 가지입니다. 문제의 원인을 하나씩 해결해 나가는 것이지요. 그러니 수학을 어려워하는 아이들에게 도움을 주기 위해서는 먼저 수학을 어려워하는 이유부터 알아야 합니다. 그런 다음 그중 어떤 부분이 주로 문제가 되고 있는지 파악해 그에 맞는 해결책을 생각해 봐야겠지요.

수학을 어려워하는 이유, 위계적 특성에 있다

많은 수학 교육 전문가들이 아이들에게 수학이 어렵게 느껴지는 이유를 분석할 때 첫손에 꼽는 것이 바로 수학의 위계적 특성입니다. 마치 계단처럼 밟고 올라가야 하는 단계가 분명하다는 것이지요.

수학의 교과과정은 초등학교부터 고등학교까지가 통틀어 하나로 이어진 계단과 같습니다. 게다가 한 번에 두세 개씩 건너뛰며 올라갈 수 있는 진짜 계단과 달리, 이 수학의 계단은 매 계단을 꾹꾹 밟으면서 올라가야 하지요. 이번 단계에서 배운 것을 바탕으로 다음 단계를 익힐 수 있으니까요.

예를 들어, 어떤 아이가 초등학교 1학년 과정에서 한 자리 수 덧셈을 제대로 익히지 못했다고 생각해봅시다. 이 아이가 2학년에서 두 자리 수 덧셈을 배울 수 있을까요? 결코 아닙니다. 그래서 수학의 기초가 약한 아이들은 고학년이더라도 저학년의 내용부터 다시 배울 수밖에 없습니다.

그림 1_ 두 자리 수와 한 자리 수의 곱셈(수학 3-1 〈곱셈〉)

	3	6
×		4
	2	4

	²		
	3	6
×		4
	1	4	4

수학이 진짜 계단과 다른 점이 또 하나 있습니다. 진짜 계단은 거의 대부분이 같은 높이로 이루어져 있지만 수학의 계단은 갈수록 높아진다는 것입니다. 그래서 이해하기 힘든 단계를 만나 고전을 하다 보면 다음 단계에 대한 두려움이 생길 수밖에 없습니다. 지금 단계도 어려운데 다음 단계는 얼마나 더 어려울까 하고 생각하게 될 테니까요.

그 예로 3학년 1학기 4단원 〈곱셈〉 단원을 보면 (두 자리 수)×(한 자리 수)를 그림 1과 같이 설명하고 있습니다.

두 자리 수의 곱셈을 하려면 먼저 한 자리 수 간의 곱셈부터 익혀야 합니다. 그러니 2학년 때 곱셈구구를 확실히 익히지 못했다면 당연히 그림 1의 두 자리 수 곱셈은 더 어려울 수밖에 없습니다. 곱셈구구를 잘 알고 있다고 하더라도 받아올림을 잘 이해하지 못하면 십의 자리에 있는 3에 4를 곱했는데 왜 12가 아니라 14가 되는지 이해하지 못하는 경우도 있습니다.

> **그림 2_ 가분수와 대분수**(수학 3-2 〈나눗셈〉)

가분수는 대분수로, 대분수는 가분수로 나타내어 봅시다.

$$\frac{9}{4} \qquad\qquad \frac{9}{7}$$

$$1\frac{1}{9} \qquad\qquad 2\frac{3}{5}$$

 (두 자리 수)×(한 자리 수)부터 이렇게 겁을 먹게 되면 나중에 배울 (두 자리 수)×(두 자리 수)나 (세 자리 수)×(두 자리 수)에 대해서는 해보지도 않고 미리 위축되기 쉽습니다. 이런 상태가 지속되면 당연히 수학에 대한 거부감이 커질 수밖에 없습니다. 계속 학년이 높아지다 보면 어느 순간 수학 교과서가 아무리 봐도 이해할 수 없는 외계어로 뒤덮인 것처럼 보일 수도 있을 것입니다.

 그림 2는 3학년 2학기 4단원에 나오는 분수 문제로, 이를 예로 들어보겠습니다. '가분수'와 '대분수'의 개념을 정확히 알지 못하거나 이해가 부족한 아이라면 두 단어는 생전 처음 들어보는 외계어와 다를 바 없습니다. 따라서 그런 아이들은 문제를 풀기는커녕, 무엇을 어떻게 바꾸라는 건지 이해하지 못해 어려움을 겪을 수밖에 없습니다.

 수학 교과의 이런 특성은 다른 교과와 비교해보면 이해가 더 쉽습니다. 국어 교과를 예로 들어볼까요. 국어 교과에서는 시나 동화, 설명하는 글, 주장하는 글 등 다양한 종류의 글을 배우는데, 학년마다 배우는 글의 종류가 다르지는 않습니다. 어휘가 조금 더 다양해지고 내용이 조금 더 어려워질 뿐 같은 종류의 글을 반복해서 배웁니다.

그래서 3학년 때 배운 글을 잘 이해하지 못했다고 해서 4학년 때 공부하는 내용에 크게 지장을 주지는 않습니다. 물론 꾸준히 국어 공부를 한 학생과 그렇지 않은 학생은 글의 내용을 이해하는 능력에서 차이가 나겠지요. 그러나 이전 내용을 모른다고 해서 새로운 내용을 공부하는 데 큰 지장을 주지는 않습니다.

사회나 과학 등도 마찬가지입니다. 단원에 따라 앞에서 학습한 내용이 필요할 때도 있겠지만, 그럴 때는 그 필요한 부분만 찾아서 복습을 하면 새로운 내용을 따라가는 데 큰 지장이 없는 경우가 대부분입니다. 이와 같은 특성 때문에 수학 공부는 기초부터 튼튼하게, 꾸준히 진도에 맞추어 학습하도록 지도하는 것이 특히 중요합니다.

수학 교과서의 생각 표현 문제

계산 능력을 중시했던 앞선 세대의 수학에서는 문제가 단순했습니다. 묻는 것도 명확했고, 답도 명확했지요. 그래서 정답과 오답의

> 그림 3_'말해보세요' 문제(수학 3-1 〈곱셈〉)

바둑돌 15개를 곱셈식과 나눗셈식으로 나타내어 봅시다.

- 바둑돌의 수를 곱셈식으로 나타내고, 그렇게 나타낸 이유를 말해 보세요.

  5× ☐ =15   3× ☐ =15

- 바둑돌을 묶는 방법을 다르게 하여 나눗셈식으로 나타내고, 그렇게 나타낸 이유를 말해 보세요.

  15÷5= ☐   15÷3= ☐

- 곱셈과 나눗셈의 관계를 말해 보세요.

구분도 분명했습니다. 하지만 창의적인 사고를 강조하는 요즘의 교육과정에서는 사정이 다릅니다. 다양한 생각을 할 수 있도록 유도하는 질문이 많이 나오고 있기 때문에 질문의 의도를 파악하는 것부터 문제입니다. 이 과정에서 어려움을 겪는 아이들이 적지 않지요.

그림 3은 3학년 1학기 〈곱셈〉 단원에 나오는 문제입니다. 계산 능력을 중시했던 이전 교육과정이었다면 ☐ 안에 들어갈 정답을 찾는 것만 중요하게 여겼을 것입니다. 그 답이 맞았는지 틀렸는지 확

인만 하고 지나갔겠지요. 그러나 지금은 한 발 더 나아가서 "그렇게 나타낸 이유를 말해보세요"라고 묻고 있습니다.

대부분의 학생들이 '15÷3=☐'라는 문제에서 ☐에 5를 채워 넣는 것을 그다지 어려워하지 않습니다. 하지만 "그렇게 나타낸 이유"를 물었을 때는 망설이는 학생들이 적지 않습니다. 솔직히 어른들도 말문이 막히는 경우가 많을 것입니다. 홍시 맛이 나서 홍시라고 하는 것처럼 15를 3으로 나누면 당연히 5지, 무슨 말을 더 해야 하나 하는 생각을 하게 될 것입니다.

이 질문에 '15개를 3개씩 묶으면 5묶음이 되므로 15÷3=5입니다', '15개를 5개씩 묶으면 3묶음이 되므로 15÷5=3입니다'라고 단번에 대답할 수 있는 학생은 많지 않습니다. 듣고 보니 너무나 당연한 말이지요? 하지만 이런 대답은 나눗셈의 원리를 이해하고 있어야 가능한 것이며, 지금 교육과정에서 무척 중요합니다. "그렇게 나타낸 이유"를 묻는 것은 바로 나눗셈의 원리를 이해하고 있는가를 파악하기 위해서입니다.

그림 3에서 마지막 '곱셈과 나눗셈의 관계를 말해보세요'라는 질문에 대부분의 아이들은 '곱셈과 나눗셈은 반대예요'라고 답을 합니다. 물론 아주 틀렸다고는 할 수 없습니다. 하지만 둘의 관계를 조금 더 정확하게 이해하고 있다면 '곱셈과 나눗셈의 관계는 덧셈과 뺄셈의 관계와 같아요'라고 답을 할 수도 있습니다.

그림 5의 3학년 1학기 〈나눗셈〉 문제에는 그림 4의 2학년 1학기

그림 4_ 덧셈식과 뺄셈식(수학 2-1 〈덧셈과 뺄셈〉)

- 뺄셈식 9−5=4를 보고 덧셈식으로 나타내어 보세요.

$$9-5=4 \quad \begin{array}{c} 4+\square=\square \\ \square+\square=\square \end{array}$$

뺄셈식 9−5=4는 덧셈식 4+5=9와 5+4=9로 나타낼 수 있습니다.

그림 5_ 나눗셈식과 곱셈식(수학 3-1 〈나눗셈〉)

- 나눗셈의 몫을 곱셈식으로 구하는 방법을 말해 보세요.

15÷3=□의 몫 □는 3×5=15를 이용해 구할 수 있습니다.

$$3 \times 5 = 15$$
$$15 \div 3 = \square$$

〈덧셈과 뺄셈〉에서 배웠던 덧셈식과 뺄셈식의 관계를 떠올려, 나눗셈식과 곱셈식의 관계를 이해하기를 바라는 의도가 담겨 있습니다. 이런 식으로 관계를 지어 생각하도록 요구하는 문제들이 현재의 추세이다 보니, 아이들이 문제 자체를 이해하고 해답을 생각하기 어려워하는 경우가 많습니다.

'말해보세요' '이야기해보세요' '생각해보세요' 같은 질문들이 아이들에게 부담이 되는 이유는 또 있습니다. '사고력'이라는 것은 생각하는 힘입니다. 그리고 사고력을 기르는 다양한 방법 중 문제 푸는 과정에 대해 자신의 생각을 직접 말이나 글로 표현해보는 방법이 빠질 수 없습니다. 그래서 요즘 수학 수업에서는 종이에 문제의 풀이 과정과 답만 적는 단순한 방식에서 벗어나 그렇게 생각한 이유나 답을 찾는 방법에 대한 의견 등을 글로 써보게 하거나 직접 말해보게 하는 경우가 늘어나고 있습니다. 그냥 문제를 푸는 것도 쉽지 않은데 거기다 자신의 생각을 써보게 하고, 심지어 다른 사람들 앞에서 그 생각을 조리 있게 말할 수 있어야 한다는 부담까지 더해지면 어떤 아이들은 정말 도망가고 싶어지지 않을까요?

그림 6에서 초등학교 3학년 수학 교과서의 문제를 하나 더 살펴보겠습니다.

3학년 1학기 〈길이와 시간〉 단원을 지도해보면 아이들이 □ 안에 바른 답을 써 넣는 것까지는 곧잘 합니다. 그런데 "시간의 합을 구하는 방법을 이야기해보세요"라고 했을 때 '시는 시끼리, 분은 분끼리, 초는 초끼리 더합니다'라고 대답하는 학생은 많지 않습니다. 자신 있게 대답하는 학생들은 학원 등에서 선행 학습을 한 경우였지요. 하지만 막상 듣고 보면 당연한 내용이지 않습니까? 이 내용을 몰라서 대답을 못 하는 것이 아닙니다. □ 안을 제대로 채울 수 있는

> 그림 6_ '이야기해보세요' 문제(수학 3-1 〈길이와 시간〉)

11시 20분 10초+2분 20초= ☐시 ☐분 ☐초

```
    11 시  20 분  10 초
  +         2 분  20 초
  ─────────────────────
    ☐ 시  ☐ 분  ☐ 초
```

● 시간의 합을 구하는 방법을 이야기해 보세요.

학생이라면 누구나 쉽게 대답할 수 있는 내용이니까요. 다만 아는 것을 어떻게 말이나 글로 표현해야 할지 몰랐던 것뿐이지요.

+ − × ÷

수학 교과서의 난이도 높은 문제

예나 지금이나 수학 교과서에 대해 많은 사람들이 가진 편견이 하나 있습니다. 그것은 바로 '교과서에 나오는 문제는 모두 완벽하게 알아야 한다'는 것입니다. 물론 할 수 있다면 그렇게 하는 것이 더할 나위 없이 좋겠지요. 하지만 안타깝게도 그렇지 못한 경우에는 자신이 어느 수준까지 이해했고, 어느 수준부터 막혔는지 알 필요가 있지 않을까요? 이것은 학생 입장에서 매우 중요한 문제입니다.

이를 위해서 먼저 교과서의 구조를 이해할 필요가 있습니다. 단원의 '기본 차시'는 이름 그대로 기본적으로 이해해야 하는 부분입니다. 이를 바탕으로 '놀이 수학(1, 2학년), 생각 수학(3, 4학년), 도전 수학(5, 6학년)' → '얼마나 알고 있나요' → '탐구 수학' 순으로 더 깊이 들어가게 됩니다. 1, 2학년의 '놀이 수학'은 주로 수학으로 할 수 있는 놀이들이 실려 있어 설명에 따라 방법을 익히고 재밌게 놀기만 하면 됩니다. 하지만 3, 4학년의 '생각 수학'과 5, 6학년의 '도전 수학'에는 더 깊이 생각해봐야 하는 문제들이 실립니다.

우선 '생각 수학'은 그 이름에 걸맞게 아이들이 다양한 생각을 할 수 있는 문제를 제시하고 있습니다(그림 7). 그러나 다양한 생각을 할 수 있다는 건 다르게 말하면 정해진 정답이 없다는 뜻이기도 합니다. 그래서 이런 문제를 접한 아이들은 풀고 나서도 자신의 답이 맞는지 틀렸는지 알 수가 없어 힘들어하는 경우가 많습니다.

'탐구 수학'도 많은 생각을 하게 하는 부분입니다(그림 8). 탐구 수학 문제를 해결하기 위해서는 필요한 자료를 수집해서, 이를 정리 및 분석까지 해야 하는 경우가 종종 있습니다. 아이들 입장에서는 신경 써야 할 부분이 많기 때문에 쉽지 않은 문제라고 할 수 있습니다. 게다가 문장으로 된 문제들이 많이 등장합니다. 물론 예전에도 문장으로 된 문제들이 있었지만, 대부분 단순한 문제를 문장으로

그림 7_ '생각 수학' 문제(수학 3-1 〈평면 도형〉)

2 보기 의 직사각형 모양 조각을 사용하여 색칠된 부분을 겹치지 않게 덮어
보고, 조각을 각각 몇 개 사용했는지 알아봅시다. 준비물 1

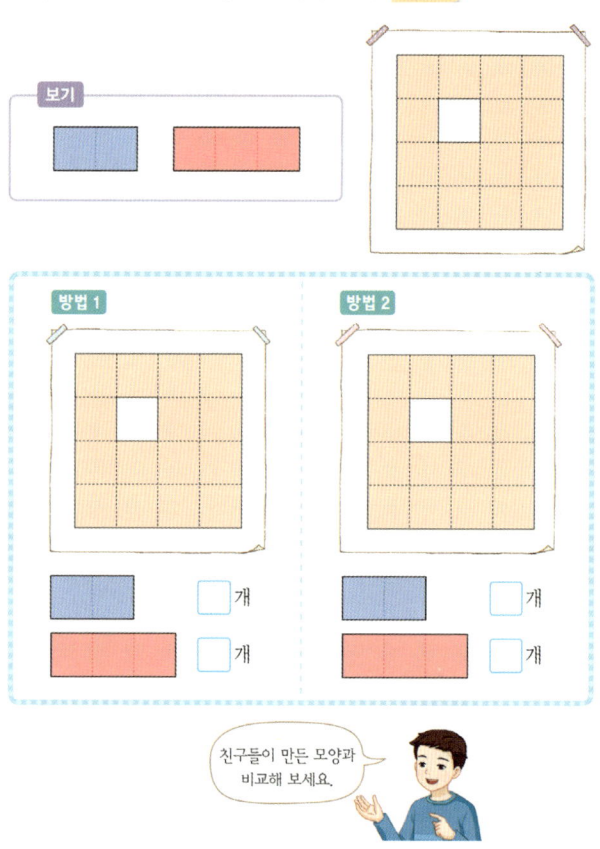

그림 8_ '탐구 수학' 문제(수학 3-2 〈곱셈〉)

탐구 수학

탄소 발자국을 얼마나 줄일 수 있을까요

수일이네 학교에서는 매년 탄소 발자국 기록장 쓰기 활동을 합니다. 다음을 읽고 물음에 답해 봅시다.

이산화 탄소 때문에 지구의 온도가 올라가고 있어. 북극곰이 사는 빙하도 줄어들고 있대.

그래서 탄소 발자국을 줄이는 것이 중요한 거야. 물건을 만들거나 사용할 때 나오는 이산화 탄소의 양을 '탄소 발자국'이라고 해.

1. 수일이네 가족이 일주일에 한 번씩 장을 볼 때 장바구니를 사용하면 탄소 발자국을 얼마나 줄일 수 있을지 알아봅시다.

비닐봉지
CO_2 11 g

장바구니
CO_2 0 g

- 비닐봉지 대신 장바구니를 사용하면 탄소 발자국을 얼마나 줄일 수 있나요?

- 1년은 52주입니다. 수일이네 가족이 일주일에 한 번씩 장을 볼 때 비닐봉지 대신 장바구니를 사용하면 1년 동안 줄일 수 있는 탄소 발자국은 얼마인가요?

- 장바구니를 더 많이 사용하게 하는 방법에는 어떤 것이 있을까요?

복잡하게 풀어서 설명하는 형태였습니다. 그러나 지금은 문제를 문장으로 설명한 단순한 문제부터, 풀이 과정을 이해해야 하는 문제, 여러 가지 답이 존재하는 문제, 실생활에 바탕을 둔 다양한 정보에서 필요한 정보를 찾는 문제 등 다양한 형태의 문제들이 출제되고 있습니다. 즉 아이들이 보다 다양한 시각으로 문제를 바라보기를 요구하고 있는 것이지요. 아이들 입장에서는 상대적으로 난이도가 높게 느껴질 수밖에 없습니다.

'얼마나 알고 있나요'는 단원 평가에 해당하는 부분으로, 난이도가 낮은 문제부터 높은 문제까지 고르게 출제되고 있습니다. 이런 구성은 익힘책에서도 마찬가지입니다(그림 9).

교과서의 구조를 잘 이해하고 있다고 할 때, 아이들을 지도하면서, 아이가 단원의 어느 부분을 어려워하는지를 살펴보면 그 단원에 대한 아이의 이해도를 가늠해볼 수 있습니다. 기본적인 내용의 이해가 어려운지, 혹은 기본은 잘 이해하고 있는데 생각의 확장을 요구하는 문제들이 어려운지, 아니면 가장 깊은 사고를 요하는 문제 정도를 제외하면 나머지는 무난하게 잘 해결하고 있는지 등에 따라 대책을 세울 수 있을 것입니다.

그림 9_ '얼마나 알고 있나요' 문제

얼마나 알고 있나요

1 계산해 보세요.

312×3   756×7

23×30   6×83

```
   4 2         5 9
 × 3 8       × 7 6
```

2 색칠한 부분은 실제 어떤 수의 곱인지를 찾아 ○표 하세요.

3 색칠한 전체 모눈의 수를 곱셈식으로 나타내고, 계산해 보세요.

식   12× _____

답   _____

수학 교과서의 창의융합 문제

 예전 교과서에서는 난이도 높은 문제를 따로 배치해놓은 경우가 많아 학생들 스스로 자신의 실력에 맞게 교과서 문제를 풀기가 비교적 쉬웠습니다. 그런데 2015년부터 개정된 교과서에서는 '창의융합 문제'라고 해서 말 그대로 창의적이고 융합적인 사고를 요하는 문제들이 난이도 구분 없이 중간 중간 섞여 있습니다. 그중 상당수가 고난이도의 심화 문제입니다. 특히, 익힘책에는 전구 모양 아이콘으로 표시된 창의융합 문제가 있습니다. 대부분의 아이들이 '전구 문제=어려운 문제'로 인식하고 있을 만큼 난이도가 만만치 않습니다.

 많은 아이들이 이런 문제 앞에서 크게 당황합니다. 문제가 어느 수준인지 분간되지 않으니, 자신의 실력에 실망하고 풀이 죽는 경우가 많습니다. 이럴 때 '이렇게 어려운 문제까지는 못 풀어도 괜찮아요'라고 당당하게 말할 수 있는 아이가 몇이나 될까요. 이렇게 학생들을 좌절시키는 문제를 현장에서는 '좌절 문제'라고 부르기도 합니다. 어떤 문제들이 아이들을 좌절시키는지 직접 한번 볼까요?

 그림 10의 문제를 여느 문제집에서 다룬다면 '사고력 문제' 또는 '심화 문제' 등의 상위 난이도로 분류했을 것입니다. 그런데 수학 교과서에서는 단순히 '창의융합 문제'라고만 표시하고 있지요. 더욱이 이 문제가 실린 익힘책은 수업 시간에 다루지 않기도 해서, 가정에서

그림 10_ 창의융합 문제(익힘책 3-2 〈나눗셈〉)

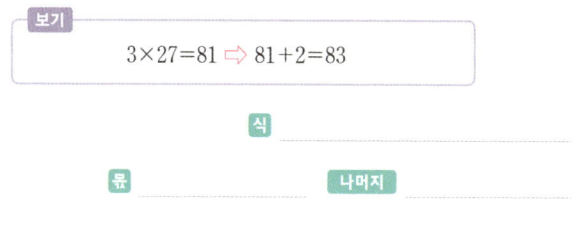

학생 스스로 학습해야 하는 경우도 많습니다. 이런 문제를 과연 초등학교 3학년 학생이 도움 없이 스스로 풀 수 있을까요? 문제를 몇 개 더 살펴보겠습니다.

다음 페이지 그림 11의 첫 번째 문제는 초등학교 수학 4학년 2학기 〈다각형〉 단원에 나오는 문제입니다. 사실 우리는 중고등학교 시절을 거치면서 정삼각형, 정사각형, 정오각형, 정육각형 등에서 한 각의 크기를 많이 외웠습니다. 그래서 첫 번째 문제를 보고 즉각 정육각형 한 각의 크기는 120°라는 답을 떠올린 분도 계시겠지요. 하지만 이 문제는 초등학교 4학년에게는 결코 만만한 난이도의 문제가 아닙니다. 각의 크기를 외워서 쓰는 게 아니라 스스로 찾아야 하는 데다, 그 과정까지 설명해야 합니다.

그림 11_ 창의융합 문제(수학 4-2 〈다각형〉)

2. 정육각형의 한 각의 크기를 구해 봅시다.

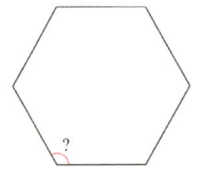

- 어떻게 구했는지 설명해 보세요.

3. 다음의 바닥 무늬를 살펴봅시다.

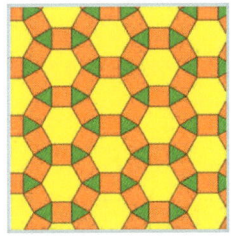

- 어떤 정다각형들로 평면을 채웠는지 말해 보세요.

- 그 정다각형들로 평면을 채울 수 있었던 이유를 모둠별로 토의해 보세요.

그림 11의 두 번째 문제의 경우, 정다각형들로 평면을 채울 수 있었던 이유를 생각해보라는 의도를 가지고 있습니다. 평면에서 정삼각형, 정사각형, 정육각형을 찾는 것까지는 사실 어렵지 않습니다. 그러나 그 다각형들로 어떻게 평면을 채울 수 있었는지를 설명하려면 각 정다각형의 한 각의 크기를 알아야 합니다.

이런 종류의 문제들을 교과서에서 중간 중간 뜬금없이 맞닥뜨리다 보면 아이들은 당황해서 수학에 대한 자신감을 잃기 쉽습니다. 사실 아이들은 학교에서 선생님에게 가르침받은 내용을 토대로 교과서에 실린 문제들을 이해하고 해결할 수 있어야 합니다. 하지만 현실적으로는 외부의 도움이 필요한 경우가 많습니다. 이럴 때 적절한 격려나 도움을 받지 못한다면 아이들은 점점 더 수학에서 멀어지게 될 것입니다.

02 우리 아이 수학 약점 판별법

　아이들이 수학 공부는 계단 오르기와 같아서 한 계단씩 차분히 잘 오르고 있는지 늘 신경 써서 지켜보아야 합니다. 그런데 그중에서도 특히 주의 깊게 관찰해야 할 시기가 있습니다. 그게 언제일까요?

　다음의 표 1을 살펴보면 초등학교 1, 2학년 시기에 학습 부진이 시작된 학생의 비율이 60%가 넘습니다. 그런데 같은 기간에 이 아이들의 학습이 부진하다고 판별된 비율은 10%가 채 되지 않습니다. 이 말은 1, 2학년 때 이미 학습에 어려움을 겪기 시작한 아이들의 상태를 주변에서 잘 모르고 있었다는 뜻입니다.

표 1_ 교사의 학습 부진 판별 시기
빈도(백분율)

선택 내용	교사							합계
	1학년 이전	1학년	2학년	3학년	4학년	5학년	6학년	
시작	5 (7.5%)	18 (26.9%)	23 (34.3%)	18 (26.9%)	3 (4.5%)	0 (0.0%)	0 (0.0%)	67 (100.0%)
판별	0 (0.0%)	0 (0.0%)	6 (9.0%)	23 (34.3%)	28 (41.8%)	8 (11.9%)	2 (3.0%)	67 (100.0%)

출처: 박주경 외, 앞의 논문.

학습 부진으로 판별되는 학생의 비율이 높아지는 시기는 3, 4학년 때입니다. 그러니 부모의 입장에서는 흔히 이렇게 말하게 됩니다.

"우리 아이가 1, 2학년 때는 수학을 곧잘 했는데 3학년 올라가면서부터 어려워하기 시작하더라고요."

그리고 그 원인은 이렇게 이해하게 되겠지요.

"3학년 때부터 수학이 어려워져서 그런 모양이에요."

사실 일선에 있는 교사들은 1, 2학년 시기의 아이들에게서도 학습 부진의 전조를 어느 정도 느낄 수 있습니다. 그런데 왜 부모들은 알아채기가 힘든 것일까요? 그 이유는 1, 2학년 수학 교과서를 보면 알 수 있습니다.

1, 2학년 수학 교과서의 단원은 총 23개입니다(1-1 5개, 1-2 6개, 2-1

6개, 2-2 6개). 그중 수와 연산은 12개 단원으로, 절반 이상을 차지하고 있습니다. 나머지는 간단한 도형이나 규칙, 측정 등을 다루는 단원입니다.

1, 2학년의 연산에서는 두 자리 수의 덧셈과 뺄셈, 구구단이 학습 내용의 거의 전부입니다. 보통 부모들이 '수학' 하면 떠올리는 바로 그런 내용들이지요. 그래서 가정에서는 이런 연산 능력을 중심으로 아이를 가르치고 또 그 성취도를 판단하는 경우가 대부분입니다. 그러니 아이가 두 자리 수 덧셈과 뺄셈도 곧잘 하고, 구구단도 줄줄 잘 외는 모습을 보이면 문제없이 잘하고 있다고 생각하게 되는 것이지요. 그러나 앞에서도 계속 강조한 것처럼 요즘의 수학은 사고력을 중시하기 때문에, 계산만 잘하면 되는 단순한 문제들 외에도 여러 다양한 문제들을 다루고 있습니다.

그림 1의 문제는 5×4가 5×3보다 얼마나 더 큰지를 묻고 있습니다. 아이가 "5×4=20, 5×3=15니까 20-15=5예요"라고 대답한다면 아마 대부분의 부모들은 잘했다고 칭찬할 것입니다. 아이가 구구단을 잘 외웠다고 흐뭇해하기도 하겠지요.

하지만 같은 답을 들은 교사들의 판단은 어떨까요? 교사들은 '구구단을 기계적으로 외우기만 한 아이일 수 있겠구나'라는 생각을 할 수도 있습니다. 곱셈의 원리를 설명하지 못했기 때문이지요.

아이는 5×4는 5가 4번 더해진 것이고, 5×3은 5가 3번 더해진 것이니, 5×4는 5×3에서 5가 한 번 더 더해진 것임을 알아야 합니다.

> 그림 1_ 곱셈의 원리 문제(수학 2-2 〈곱셈구구〉)

 5×4는 5×3보다 얼마나 더 큰지 알아봅시다.
- 5×4를 ◯를 그려서 나타내어 보세요.

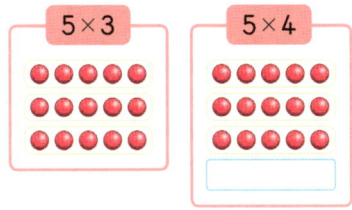

- 5×4는 5×3보다 얼마나 더 큰가요?
- 왜 그렇게 생각했는지 말해 보세요.

그런 이유로 5만큼 더 크다는 것을 이해할 수 있어야 합니다. 교사들은 이런 관점에서 보기 때문에 집에서는 수학을 잘한다고 칭찬받는 아이를 학교에서는 학습 부진의 가능성이 있다고 의심할 수 있는 것입니다.

만약 이처럼 수학의 원리와 개념을 잘 받아들이지 못한 아이가 그대로 3학년에 올라가면 어떻게 될까요? 수학 부진의 전조가 나타날 가능성이 있습니다. 3학년부터는 덧셈, 뺄셈, 곱셈보다 한 단계 더 어려운 개념인 나눗셈과 분수를 공부해야 합니다. 1, 2학년 때부터 학습 부진의 전조가 보였던 아이들에게는 수학을 멀리하게 만드는 강력한 펀치가 될 수도 있는 단원들입니다.

나눗셈은 이전에 배웠던 연산들과 달리 상황에 따라 답을 다르게 해야 하기 때문에 까다롭다고 느끼는 아이들이 많습니다.

예를 들어, '3명의 사람이 2대의 차에 똑같이 나누어 타려 합니다. 차 한 대에 몇 명이 타야 하나요?' 같은 문제는 답이 무엇일까요? 정답은 '똑같이 나누어 탈 수 없다'입니다. 3÷2를 계산하면 몫 1, 나머지 1이고, 나머지 1은 '똑같이 나누어 탄다'라는 조건에 맞지 않으므로 이 문제는 '1명씩 타고 1명이 남습니다'라는 대답이 정답이 될 수 없습니다.

그렇다면 '9개의 사탕을 2개씩 똑같이 나누어준다면 모두 몇 명에게 줄 수 있나요?' 같은 문제는 어떨까요? 9÷2를 하면 몫 4, 나머지 1이므로 '4명에게 나누어줄 수 있고, 1개가 남아요'라고 대답할 수 있습니다. '몇 명에게 줄 수 있느냐'고 물었지 '똑같이 나눌 수 있느냐'고 묻지 않았으니 이것은 정답이 될 수 있습니다.

이렇게 똑같이 나눗셈을 적용해 풀 수 있는 문제라 하더라도 상황을 고려해서 알맞은 대답을 찾아내야 하니, 단순히 계산만 잘하는 것으로는 부족합니다. 게다가 1, 2학년 때까지는 자연수만 배웠는데, 3학년부터 배우는 분수는 추상화된 수의 개념입니다. 분수를 제대로 받아들이지 못하면 자칫 수에 대한 아이들의 이해 자체가 흔들릴 수도 있습니다. 이렇다 보니 아이들이 3학년에서 수학 공부의 고비를 맞이하게 되는 것입니다.

문제 푸는 태도에서 아이의 약점이 보인다

그래서 3학년 과정에서는 아이가 수학의 어느 단원을 어려워하는지 조금 더 세밀하게 살필 필요가 있습니다. 나눗셈과 분수만 어려워하는지, 아니면 덧셈, 뺄셈, 곱셈 등 다른 단원들도 같이 어려워하는지 관찰해서 연산의 기초부터 다시 잡아줄 것인지, 아니면 새로 배운 나눗셈과 분수의 이해를 집중적으로 도와줄 것인지를 결정하는 것이 좋습니다.

아이가 수학을 잘 이해하고 받아들이는지, 아니면 어려워하는지를 단순히 수학 문제의 정답을 잘 맞히는가, 아닌가로 판단해서는 안 됩니다. 문제의 출제 의도를 잘 파악하는지, 풀이 전략을 잘 세워서 해답을 찾아가는지를 더 눈여겨보아야 합니다. 즉 수학을 대하는 태도가 중요한 것입니다.

아이가 푼 문제집을 채점할 때도 몇 문제를 맞혔는지만 볼 것이 아니라, 그 문제를 얼마나 수월하게 풀었는지, 원리를 잘 이해하고 답을 맞힌 것인지, 단순히 익숙한 유형의 문제들을 습관적으로 푼 것인지 등을 유심히 관찰해야 합니다.

만약 아이가 뜀틀 3단을 간신히 넘었을 때 부모는 어떻게 해야 할까요? 일단 3단을 넘기는 넘었으니 무조건 4단에 도전하라고 해야 할까요? 대부분의 부모들은 3단을 수월하게 뛰어넘을 수준이 되고 난 다음에 4단에 도전하는 것이 안전하다고 생각할 것입니다.

수학도 마찬가지입니다. 이전 단계를 확실하게 익히고 난 후에 그 다음 단계를 학습하는 것이 이후에 기초가 흔들리지 않는 가장 확실하고 안전한 방법입니다. 그러니 3학년 수학이라는 뜀틀을 안전하게 넘기 위해서는 1, 2학년 수학이라는 뜀틀은 손쉽게 뛰어넘을 수 있는 수준으로 확실하게 실력을 다져두어야 합니다.

3학년 과정에서 아이가 분수나 나눗셈 외에 다른 단원들도 같이 어려워한다면 1, 2학년 때 수학의 기초를 제대로 쌓지 못한 것은 아닌지 의심해보아야 합니다. 왜냐하면 분수나 나눗셈을 제외한 대부분의 다른 단원들은 2학년 때 배운 내용과 이어지고 있기 때문입니다. 예를 들어, 3학년 때 배우는 세 자리 수 덧셈은 2학년 때 배운 두 자리 수 덧셈의 연장입니다. 2학년 때 두 자리 수 덧셈을 확실하게 익히지 못했다면 3학년 때 배우는 세 자리 수 덧셈은 어려울 수밖에 없습니다. 다른 단원들도 마찬가지입니다. 2학년 때 배운 곱셈을 기초로 3학년에서 조금 더 어려운 곱셈을 배우고, 2학년 때 배운 길이와 시간, 원, 자료의 정리 등의 내용이 3학년으로 이어집니다. 3학년 때 분수나 나눗셈이 아닌 다른 단원들을 어려워한다면, 지난 학년의 내용을 복습해 기초를 다시 잡아주어야 합니다.

만약 이 3학년 시기를 슬기롭게 넘기지 못하면 4학년 때는 더 큰 어려움을 겪게 됩니다. 앞선 표 1을 다시 한 번 볼까요? 5, 6학년 시기에 학습 부진이 시작되는 아이는 거의 없습니다. 뒤처질 아이들은 이미 그 이전에 다 뒤처졌기 때문입니다. 그래서 수학 공부에 있어 초등학교 3, 4학년 시기가 특히 중요한 것입니다. 이때를 놓치면 5, 6학년 때의 수학은 더 따라가기가 어렵고, 앞서 계속 강조했던 수학의 위계적 특성 때문에 이런 어려움은 계속 누적되어 점점 더 극복하기 힘들어질 수 있습니다.

아이들이 수학을 공부하는 모습을 살필 때 부모들이 알아야 할 것이 있습니다. 바로 수학을 어려워하는 것과 수학 성적이 잘 나오는 것, 수학을 좋아하는 것을 구분해서 볼 줄 알아야 한다는 것입니다. 특히 초등학교 1, 2학년 학생들 중에는 수학을 어려워하면서도 성적을 잘 받는 아이들이 꽤 있습니다. 아직은 문제들이 크게 수학적 사고를 요하지 않는 간단한 수준이기 때문이지요. 이런 아이들은 수학을 잘하다가 어느 순간 갑자기 성적이 떨어진 것처럼 보여 부모를 당황스럽게 할 때가 많습니다. 게다가 이런 유형의 학생들은 학습 부진을 조기에 발견하기가 어렵기 때문에 특히 주의를 기울여야 합니다.

너무 어렸을 때부터 수학 공부에 시달려서 질린 아이들이나, 이해도 잘 안 되는 문제들을 반복해서 기계적으로 풀면서 답을 찾는 데는 익숙해졌지만 생각하기가 귀찮아진 아이들도 종종 비슷한 모습을 보이는 경우가 있습니다. 물론 그 밖에도 성적이 갑자기 곤두박질치는 데는 다양한 이유가 있을 수 있겠지요.

성적이 잘 나온다고 해서 모두 수학을 좋아하는 것도 아닙니다.

억지로 반복해서 비슷한 문제들을 풀다 보면 저학년 때는 문제없이 성적이 나오는 것처럼 보이니까요. 하지만 스스로 수학에 자신감과 흥미를 가지지 않으면 학년이 올라갈수록 수학 공부에 어려움을 느끼게 될 수밖에 없습니다. 다시 한 번 강조하지만, 그러므로 부모들은 아이들의 수학 성적만 볼 것이 아니라 아이들이 수학을 대하는 태도를 더 눈여겨봐야 합니다.

간단한 테스트를 통해 아이의 수학에 대한 태도를 어느 정도 짐작해볼 수 있습니다. 국어, 수학, 사회, 과학 등 여러 과목의 문제집을 주고 아이에게 어떤 것부터 먼저 풀지 순서를 정하게 해보는 것입니다. 대부분의 아이들은 자기가 쉽고 편하다고 생각하는 것을 먼저 고르고, 힘들고 어렵다고 생각하는 것을 뒤로 미루는 경향이 있습니다. 즉 아이가 수학 문제집을 몇 번째로 풀지 정하는 모습에서 수학에 대한 정서적 거리를 파악할 수 있다는 뜻입니다.

더 간단한 방법은 아이와 솔직한 대화를 자주 나누는 것입니다. 요즘 배우는 내용들이 어떤 것인지, 문제를 풀 때는 어떤지, 어느 부분이 쉽고 어느 부분이 어려운지 등에 대해 수시로 이야기를 나누며 학습 상황을 체크하다 보면 수학에 대한 아이의 태도를 곧바로 확인할 수 있는 것은 물론이고, 아이가 도움이 필요한 상황에 때를 놓치지 않고 바로 대처할 수 있습니다. 빠른 대처는 도움의 효과를 높일 수 있는 가장 좋은 방법입니다.

어려워하는 영역에서 아이의 약점이 보인다

 수학에는 수와 연산, 도형, 측정, 규칙성, 자료와 가능성(확률과 통계) 등 여러 영역이 있습니다. 수학을 어려워한다고 해서 무조건 모든 영역을 다 어려워하는 것은 아닙니다. 그러니 무작정 처음부터 끝까지 아이에게 도움을 주려고 하는 것은 좋은 방법이 아닙니다. 도움을 주는 부모 입장에서도, 도움을 받는 아이 입장에서도 자칫 지치고 힘들어질 수 있기 때문입니다. 너무 많은 부분을 부모에게 의존하다가는 아이가 자율성을 잃을 수도 있다는 것도 염두에 두어야 합니다.

 그러므로 아이들이 힘들어하는 영역을 알아보고 그 부분에 집중적으로 도움을 주는 것이 더 효율적인 방법이라 할 수 있습니다. 표 2를 보면 학년별로 아이들이 대체로 어느 부분을 많이 어려워하는지 알 수 있습니다. 이를 참고하면 아이가 어느 부분에서 도움을 필요로 하는지 알아내는 데 도움이 될 것입니다.

 표 2에 따르면, 확률과 통계 영역은 대체로 곤란도가 낮은 반면, 역시 수와 연산 영역이 곤란도가 높다는 것을 알 수 있습니다. 규칙성과 문제 해결 영역 또한 곤란도가 높은 편입니다.

 만약 아이가 수와 연산 영역에서 곤란을 겪고 있다면 이는 연산 능력을 전반적으로 다시 점검해볼 필요가 있다는 뜻입니다. 혹 지난 학년에서 배운 내용을 제대로 이해하지 못하고 있는 것은 아닌지

표 2_ 초등학생이 인식하는 수학 영역별 곤란도 빈도(백분율)

수학 영역	3학년	4학년	5학년	6학년	합계
수와 연산	8 (22.9%)	7 (18.4%)	8 (22.9%)	14 (27.5%)	37 (23.3%)
도형	5 (14.3%)	4 (10.5%)	4 (11.4%)	5 (9.8%)	18 (11.3%)
측정	2 (5.7%)	9 (23.7%)	7 (20.0%)	15 (29.4%)	33 (20.8%)
확률과 통계	1 (2.9%)	8 (21.1%)	2 (5.7%)	2 (3.9%)	13 (8.2%)
규칙성과 문제 해결	17 (48.6%)	9 (23.7%)	13 (37.1%)	13 (25.5%)	52 (32.7%)
무응답	2 (5.7%)	1 (2.6%)	1 (2.9%)	2 (3.9%)	6 (3.8%)
합계	35 (22.0%)	38 (23.9%)	35 (22.0%)	51 (32.1%)	159 (100.0%)

출처: 박주경 외, 앞의 논문.

살펴보고, 필요하다면 그 부분을 다시 찬찬히 가르쳐주는 것이 좋습니다. 규칙성과 문제 해결 영역을 어려워한다면 사고력이 요구되는 문제들에 대한 대응 능력을 점검해보아야 합니다.

    그러나 이는 어디까지나 통계상으로 그렇다는 것이고, 아이의 상황은 제각각 다를 수 있습니다. 대부분 쉽다고 하는 영역에서 어려움을 느낄 수도 있고, 다들 어려워하는 영역을 되레 쉽게 이해할 수도 있으니 아이의 상황을 정확하게 파악하여 필요한 도움을 주는 것이 중요할 것입니다.

  3학년 1, 2학기 총 12개 단원 중 수와 연산 영역은 7개 단원, 도형 영역은 2개 단원, 측정 영역은 2개 단원, 확률과 통계 영역은 1개 단원입니다. 즉 3학년 수학 과정에서 가장 큰 비중을 차지하는 것이 수와 연산 영역이고, 따라서 3학년 아이들이 어려움을 느낄 가능성이 가장 큰 영역도 바로 수와 연산입니다.

  4학년 1, 2학기 총 12개 단원들을 살펴보면 수와 연산 영역이 4개 단원, 도형 영역이 4개 단원, 측정 영역이 1개 단원, 확률과 통계 영역이 2개 단원, 규칙성 영역이 1개 단원을 차지하고 있습니다.

  3학년에 비해 상대적으로 여러 영역을 고르게 배우게 되며, 따라서 4학년 아이들은 여러 영역에서 다양한 어려움을 겪을 수 있습니다.

  그러니 3학년 아이들의 상황을 체크할 때는 연산 영역을 조금 더 중점적으로 볼 필요가 있고, 4학년 아이들은 여러 영역의 학습 상황을 고루 체크해보아야 합니다. 각 영역별로 아이들이 어려워하는 부분과 그에 대한 해결 방법은 3장에서 보다 자세히 다루도록 하겠습니다.

엄마표로 진행하는 내 아이 실력 점검

아이들에게 옷을 사줄 때 겉모양만 보고 고르는 부모들은 별로 없을 것입니다. 한창 움직임이 많은 성장기이므로, 아이들의 옷은 활동에 방해가 되지 않도록 편해야 합니다. 작거나 너무 딱 맞아서 몸에 꼭 끼는 옷이나 너무 커서 거추장스러운 옷은 아무리 비싸다고 해도 좋은 옷이라고 할 수 없을 것입니다.

문제집도 마찬가지입니다. 아이들 수준에 맞지 않는 문제집은 아이들의 실력을 정확하게 평가할 수 없을 뿐 아니라, 실력 향상에도 큰 도움이 되지 않습니다. 그렇다면 어떤 문제집이 아이들에게 맞는 문제집일까요? 이는 아이들의 성향에 따라 다릅니다.

수학에 어느 정도 흥미와 자신감이 있고 도전적인 모습을 보이는 아이에게는 풀었을 때 50~60% 정도의 정답률을 보이는 문제집이 좋습니다. 승부욕을 불러일으켜 도전의 여지를 남겨주는 것이지요. 이런 아이들은 문제가 너무 쉬우면 오히려 수학에 흥미를 잃기 쉽습니다.

반대로 수학에 대한 자신감이 부족한 아이들에게는 70~80% 정도의 정답률을 유지할 수 있는 문제집이 도움이 됩니다. 물론 단원별로 실력의 편차가 있을 수 있으니 이를 감안해서 전체적인 수준을 보고 문제집을 고르는 것이 좋습니다.

아이의 현 상황을 제대로 파악하기 위해 제일 먼저 참고해야 할 것이 이전 학년의 성적표입니다. 사실 담임의 입장에서는 성적표에 최대한 부정적인 표현을 줄이고 긍정적인 말을 해주려고 노력할 수밖에 없습니다. 그래도 학업 성취도가 많이 떨어지는 학생일 경우, 어떻게든 문제를 짚어주려고 할 것입니다. 그러니 성적표에 어떤 '표현'이 적혀 있는지를 잘 살펴야 합니다. 만약 부정적인 표현이 쓰여 있다면 그만큼 확실한 근거가 있다는 뜻이기 때문에 아이의 학습 상황을 반드시 점검해보아야 합니다.

아이의 수학 실력은 익힘책을 통해서도 확인해볼 수 있습니다. 익힘책에는 각 단원의 차시별 문제가 실려 있고, 답지를 통해 정답도 확인할 수 있으니 직접 아이가 푼 문제를 채점해보면서 어떤 문제를 어려워하는지 체크하면 됩니다. 익힘책의 문제는 크게 기본 문제와 창의융합 문제로 나뉘는데, 이들의 정답률을 확인하는 것도 도움이 됩니다.

익힘책의 기본 문제는 교과서 내용을 충분히 이해했다면 다 맞힐 수 있는 수준으로 구성되어 있습니다. 따라서 실수를 감안하여 약 90% 정도의 정답률은 보여야 합니다. 만약 익힘책 기본 문제의 정답률이 이보다 떨어진다면 시중에 나와 있는 각 출판사의 가장 기본적인 문제집을 이용하여 기초를 다시 잡아주어야 합니다.

문제집의 경우 출판사들은 저마다의 기준으로 수준별 문제집을 내놓고 있습니다. 그중 가장 쉬운 수준의 문제집을 풀었을 때 만약 정답률이 50% 이하일 경우, 아이의 현재 수학 성취도를 세심하게 확인해보아야 합니다. 일반적으로 문제집들은 단원별로 기본 문제, 응용 문제, 심화 문제의 세 가지 난이도로 구성되어 있는데, 가장 쉬운 수준의 문제집들은 기본 문제의 출제 비율이 대부분 60%가량이기 때문입니다. 따라서 가장 쉬운 단계의 문제집에서 정답률이 50% 이하라면 학습 부진이라고 볼 수 있습니다.

학습 부진이 발생한 경우에는 학습이 모두 끝난 지난 학기의 가장 쉬운 단계의 문제집을 풀어보게 해야 합니다. 지난 학기의 문제집에서도 정답률이 50% 이하라면 수학 학습에 심각한 문제가 있다고 볼 수 있으니 조금 더 전문적인 도움을 받아야 합니다.

익힘책의 기본 문제는 잘 푸는 편인데 창의융합 문제에서 어려움을 겪는 아이라면 '응용'이나 '유형' 등의 말이 붙은 문제집을 골라주는 것이 좋습니다. 이런 문제집들은 대부분 기본 문제 외에 다양한 형태의 응용 문제를 싣고 있기 때문입니다. 이때 일반적으로 '응용' 문제집들은 주로 다양한 응용 문제들을, '유형' 문제집들은 특정 문제 유형을 구분해서 모아놓은 경우가 많습니다.

아이가 만약 창의융합 문제를 대할 때 어떻게 풀어야 할지 아예 감도 못 잡는다면 '유형' 문제집을 통해 문제의 유형을 구분하는 방법을 배울 필요가 있습니다. 그렇지 않고 특정 몇몇 문제를 어려워하는 하는 경우라면 다양한 응용 문제를 다뤄볼 수 있게 '응용'

문제집을 풀어보는 것이 좋은 방법입니다.

　익힘책에 실린 대부분의 문제를 어려움 없이 잘 풀 정도라면 '최상위'나 '사고력', '올림피아' 등의 말이 붙은 가장 높은 난이도의 문제집들을 선택해서 도전해보는 것도 좋습니다.
　다만 수학에 흥미가 있고 성취도가 좋은 아이라고 해도 이런 문제집들로 지나치게 부담을 주다 보면 스트레스를 받을 수 있으니, 처음부터 바로 가장 높은 난이도의 문제집을 선택할 것이 아니라, '응용' 문제집부터 시작해 스스로 도전할 수 있도록 서서히 유도하는 것이 바람직합니다.

03 아이의 수학력을 높이는 4가지 전략

수학이 다른 과목에 비해 어렵게 느껴지는 이유는 무엇일까요?

많은 이유 중 하나가 정확하고 체계적인 사고를 요한다는 것 때문입니다. 다른 과목들은 관련 지식을 어느 정도 비슷하게만 알고 있어도 융통성을 발휘할 수 있는 부분들이 있습니다. 그러나 수학에서는 개념을 정확하게 이해하지 못했거나, 풀이 과정에서 작은 오류라도 생기면 절대 정답을 찾을 수 없습니다.

그러면 지금부터 아이의 수학력을 높이는 네 가지 전략을 소개하겠습니다.

전략 1: 수학은 개념 이해가 먼저다

   수학 공부에서 손을 뗀 지 오래된 부모들이 종종 예전에 배운 개념들을 혼동하거나 잊어버려서 아이들의 혼란을 초래할 때가 있습니다. 보통 어른들은 단어의 뜻을 그 단어에 쓰인 한자의 의미를 통해 유추하는 경향이 있는데 일반적인 상황에서라면 전혀 문제가 없습니다만, 수학에서 쓰이는 개념들은 특정한 의미로 쓰기로 약속한 것들이기 때문에 이와 차이가 날 때가 있습니다.

   '다각형'의 개념 같은 것이 대표적인 경우입니다. 다각형은 많을 '다多', 뿔 '각角', 모양 '형形' 자를 씁니다. 한자어 그대로 풀이하자면 '뿔(각)이 많은 도형'이 되겠지요. 그래서 아이들에게 다각형을 '각이 많은 도형'이라고 알려주는 부모들이 적지 않습니다. 그런데 부모들을 따라 다각형의 뜻을 잘못 이해하고 있는 아이들은 다음과 같은 도형을 보면 혼란을 느낄 수밖에 없습니다.

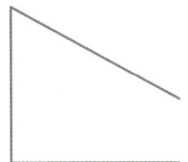

   부모의 설명대로라면 분명 각이 많으니 이 도형도 다각형이어야 합니다. 하지만 수학에서는 이런 도형을 다각형이라고 말하지 않습

니다. 선분으로 '둘러싸여' 있지 않으니까요. 수학에서는 다각형을 '선분으로 둘러싸인 도형'이라고 정의하고 있습니다. 이 사실을 정확히 알아야 이 도형이 다각형이 아니라는 것을 이해할 수 있습니다.

그래서 수학에서 정의하는 개념을 정확하게 아는 것은 수학 학습의 기본입니다. 수학의 개념은 일상생활에서 쓰이는 단어의 뜻을 생각해 대충 미루어 짐작해서는 절대 안 됩니다. 반드시 수학에서 정한 약속대로 정확하게 이해하고 기억해야 합니다. 계산 과정이나 풀이 과정 등에서 문제를 발견하지 못했는데 자꾸만 실수가 되풀이된다면 관련된 수학의 개념을 제대로 알고 있는지 점검해볼 필요가 있습니다.

전략 2: 분수 개념을 잡아야 수학 포기를 막는다

한국교육과정평가원이 2019년에 발표한 〈초·중학교 학습 부진 학생의 성장 과정에 대한 연구〉에 따르면, 학습 부진에 빠진 학생 50명을 2017년부터 2년간 추적 조사한 결과 대부분 '수학'에서 어려움을 경험했다고 합니다. 특히 많은 학생들이 이런 어려움을 최초로 경험한 시점을 초등학교 3학년 〈분수〉 단원 학습 때부터였다고 말한 것에 주의를 기울일 필요가 있습니다.

1, 2학년 과정의 사칙 연산에서는 수를 구체적인 사물 등과 연관 지어 비교적 쉽게 이해할 수 있습니다. 하지만 3학년 과정에서 분수의 개념을 익히면서부터는 구체적 사물과 연관을 짓더라도 그것을 쪼개어 생각해야 하는 등 사고 과정이 복잡해집니다. 그래서 〈분수〉 단원에서 처음으로 수학에 어려움을 느끼는 아이들이 많은 것입니다. 요즘 많은 교육 전문가들은 초등학교 3학년 과정의 〈분수〉 단원을 이른바 '수포자'가 결정되는 가장 최초의 시기로 보고 있기도 합니다. 이 책에서도 분수의 중요성을 강조한 바가 있지요.

  수학의 위계적 특성상 어느 한 단원에서라도 문제가 생기면 그와 연관된 다른 단원들에서도 줄줄이 어려움을 겪을 수밖에 없습니다. 특정 단원에서 느낀 어려움이 자신감 하락으로 이어져 수학에 대한 전반적인 성취 욕구를 떨어뜨리는 시발점이 되기도 합니다. 이런 문제는 〈분수〉 단원뿐만 아니라 다른 단원에서도 얼마든지 발생할 수 있으므로, 아이들이 특정 단원의 이해를 유난히 힘들어할 경우에는 특별한 관리가 필요합니다.
  이때 중요한 것은 첫째, 절대 서두르지 말아야 합니다. 다른 단원을 학습할 때보다 더 많은 시간과 공을 들일 필요가 있습니다. 어려워하는 단원이라고 해서 더 많은 문제를 풀게만 할 것이 아니라, 오히려 한 문제 한 문제 더 천천히 여유를 두고 해결하도록 하는 것이 좋습니다. 예를 들어, 다른 단원의 문제를 한 시간에 두 장씩 푸는 아이라면 어려워하는 단원의 문제는 한 시간에 한 장만 풀어도 좋으니 꼼꼼하게 문제를 살피면서 자신이 이 문제를 잘 이해하고 풀고 있는지 스스로 생각하게 해야 합니다.

둘째, 쉬운 개념부터 차근차근 짚어가야 합니다. 어려워하는 부분은 앞으로 되돌아가 가장 기초적인 내용부터 천천히 설명을 해주면서 어느 부분에서 이해가 막히는지를 살펴보고, 그 부분에 대해 충분한 대화를 나누며 확실히 이해할 때까지 설명을 반복하는 것이 좋습니다.

셋째, 더 많은 연습을 할 수 있도록 해야 합니다. 한번 어려워하기 시작한 단원은 심리적인 부담감이 생겨, 관련 단원들이 나올 때마다 계속 거부감을 느끼기 쉽습니다. 그러니 이런 단원들이 약점이 되어 계속 발목을 잡지 않도록 다양한 형태의 문제들로 꾸준히, 그리고 충분히 단련하는 것이 좋습니다.

+ − × ÷

전략 3: 문장제 문제를 잡아라

아이들을 가르치다 보면 자연히 아이들의 성격적인 특성들을 파악하게 됩니다. 그 특성들은 수학 문제를 푸는 모습에서도 고스란히 드러나는데, 특히 문장으로 된 문제들을 푸는 모습에서 더 잘 보입니다. 성격이 급한 아이들은 문제를 다 읽기도 전에 문제에서 숫자부터 찾아 어떤 연산을 쓸지 결정하고 바로 답을 적기도 하고,

덤벙대는 아이들은 문제를 잘 풀어놓고서 숫자를 잘못 적기도 합니다. 아이들이 문장제 문제에서 실수를 하는 유형은 다음과 같이 크게 세 가지로 분류할 수 있습니다.

① 문제의 내용을 충분히 이해하지 못한 경우

문제의 문장을 잘못 이해하거나 문제에 나온 조건, 정보 등을 무시하게 되면 문제에서 요구하는 조건에 맞는 답을 찾을 수가 없습니다.

② 문제 해결 전략의 잘못된 선택

문제에서 요구하는 것을 잘 파악한 다음에는 그 요구에 맞는 답을 찾기 위한 전략을 선택해야 합니다. 전략을 잘못 선택하거나 혹은 전략은 잘 선택했는데 그에 필요한 수학의 개념을 제대로 가지고 있지 못한 경우 엉뚱한 답을 내놓을 수밖에 없습니다.

③ 계산 실수

문장제 문제를 틀리는 아이들이 하는 가장 흔한 실수가 바로 계산을 잘못하는 것입니다. 일반 문제를 풀 때는 오롯이 계산에만 집중할 수 있지만 문장제 문제를 풀 때는 이것저것 생각해야 할 것이 많기 때문에, 문제를 잘 이해하고 전략도 제대로 택해 정답의 문턱까지 갔는데 어이없게 계산 실수로 오답을 내는 아이들이 종종 있습니다.

문장제 문제를 풀 때 효과적으로 활용할 수 있는 것이 바로 조지 폴리아George Pólya의 수학 문제 해결 이론입니다.

폴리아의 문제 해결 4단계

- **1단계(문제 이해)**   문제를 정확히 이해하고, 문제가 요구하는 조건들을 잘 파악한다.
- **2단계(문제 풀이 계획)**   계획을 구체적으로, 자세하게 세운다.
- **3단계(문제 풀이 실행)**   문제 풀이 과정을 꼭 직접 써본다.
- **4단계(반성)**   자신의 풀이 계획과 실행이 옳았는지 스스로 점검한다.

1단계(문제 이해)에서는 항상 '이 문제에서 구하라는 것이 무엇인지'를 먼저 생각해야 합니다. 그 후에 그것을 구하기 위해 필요한 조건을 간추려야 합니다. 왜냐하면 요즘 문장제 문제들은 '과잉 정보 문제'라고 해서 꼭 필요한 정보 외에 다른 정보들을 덧붙여 제공하는 경우가 종종 있기 때문입니다. 이런 과정을 통해 '이 문제는 A를 구하라는 문제고, A를 구하기 위해 필요한 정보는 B, C다'라고 간단하게 정리할 수 있어야 합니다. 아이가 정답을 맞히지 못한 문장제 문제가 있다면, 이런 방법으로 문제를 정리하게 하고 그 과정을 지켜보십시오. 아마 무엇이 잘못되었는지를 한눈에 알 수 있을 것입니다.

2단계(문제 풀이 계획)에서는 주어진 문제를 어떻게 풀 것인가에 초점을 맞추어야 합니다. 1단계와 연결시켜 '이 문제는 A를 구하라는 문제니까 나는 이 문제를 이렇게 풀 거예요'라고 말해보게 하는 것도 좋습니다. 말을 하면서 아이 스스로 문제 풀이 계획을 정리해 볼 수 있고, 부모가 그 내용을 들으면서 아이가 문제를 제대로 이해하고, 올바른 풀이 방법을 찾았는지 확인할 수 있습니다.

3단계(문제 풀이 실행)에서는 2단계의 계획에 따라 풀이 과정을 종이에 써봅니다. 직접 쓰다 보면 자신이 세운 계획이 정확한지, 틀렸다면 어디가 틀렸고 무엇을 잘못 생각했는지 등을 확인할 수 있기 때문에 꼭 필요한 과정입니다.

4단계(반성)에서는 1단계부터 3단계까지의 과정을 찬찬히 돌아보면서 자신이 이 문제를 어떻게 이해했고, 어떻게 풀었는지, 잘못된 곳은 없는지 등을 다시 한 번 점검해야 합니다.

틀린 문제를 이와 같은 과정으로 다시 풀어보게 하면 그 문제를 왜 틀렸는지를 아이와 함께 확인할 수 있습니다. 아이가 실수한 부분을 찾아 그 부분을 보완할 수 있도록 함께 노력해주면 좋겠지요.

요즘은 문장제 문제도 그 형태가 다양합니다. 줄글로만 되어 있는 문제도 있지만 그림 1과 같이 말풍선을 사용해 대화 형식을 취하는

> 그림 1_ 대화 형식의 문장제 문제(초등 익힘책 4-1)

문제들도 많습니다. 이런 문제들은 대화 속에서 필요한 정보를 찾아 밑줄을 그어 표시를 해두는 것도 요령입니다.

전략 4: 생각하는 문제는 서술이 아닌 논술로 풀어야 한다

학교에서 부모들과 이야기를 나누다 보면 종종 듣게 되는 말이 요즘 아이들이 푸는 수학 문제는 도대체 무엇을 묻는 것인지 자신이 보아도 알기가 어렵더라는 것입니다. 부모들은 아무래도 계산 문제나 단순한 문장 형태의 문제들에 익숙하기 때문에, 요즘 아이들이 접하는 수학적 사고력을 요하는 문제들 앞에서 당황하는 경우가 많습니다. '요즘 아이들은 우리 때랑 배우는 게 다르니까'라는 생각에 다른 아이들은 그런 문제를 척척 푸는데 우리 아이만 어려워하는 건 아닌가 걱정을 하기도 합니다.

그러나 요즘 아이들도 그런 문제를 힘들어하는 것은 마찬가지입니다. 어려운 계산 문제들을 막힘없이 술술 풀던 아이들도 '설명해 보세요', '찾아보세요'처럼 딱 떨어지는 정답이 있는 것이 아닌, 다양한 대답이 가능한 열린 정답을 요구하는 문제가 주어지면 갈피를 잡지 못하고 우왕좌왕하기도 합니다. 이렇게 자신의 생각과 주장을 담아 답을 써내야 하는 문제들을 '서술형 문제'라고 합니다.

그림 2와 같은 문제가 대표적인 서술형 문제인데, '서술'이란 말 그대로 '사건이나 생각 따위를 차례대로 말하거나 적는 것'입니다. 자신의 생각을 써야 하는 이런 문제는 정답이 정해져 있지도 않고, 채점을 하기도 쉽지 않습니다. 그래서 창의적인 사고력을 발휘하게 한다는 점에서 의미가 있기는 하지만, 교과서나 문제집에서 자주 볼 수 있는 형태의 문제는 아닙니다.

사고를 요하는 문제 중 일반적으로 아이들이 자주 접하게 되는 문제는 근거를 바탕으로 논리적인 전개를 해야 하는 '논술형 문제'들입니다.

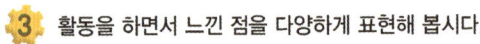

그림 2_ 서술형 문제(수학 4-1 〈곱셈과 나눗셈〉)

3 활동을 하면서 느낀 점을 다양하게 표현해 봅시다.

- 위의 활동을 하며 느낀 점을 말해 보세요.

- 느낀 점을 여러 가지로 표현해 보세요.
  예) 광고, 만화 등

그림 3_ 논술형 문제(수학 4-1 〈곱셈과 나눗셈〉)

수일이가 다음과 같이 계산을 했습니다. 수일이가 올바른 답을 구할 수 있도록 도움이 되는 말을 써 보세요.

그림 3은 대표적인 논술형 문제입니다. 이 문제에서 수일이가 계산이 틀렸다는 것을 증명하려면, 나눗셈의 원리를 이해하고 그것을 근거로 하여 계산 과정의 오류를 지적한 다음, 바로잡을 수 있어야 합니다.

그림 4_ 논술형 문제(초등 익힘책 3-1 〈덧셈과 뺄셈〉)

5 수 카드 4장을 한 번씩만 사용하여 세 자리 수를 만들려고 합니다. 만들 수 있는 가장 큰 수와 가장 작은 수의 합을 구해 보세요.

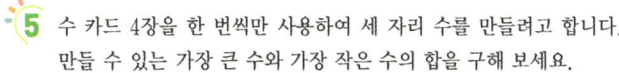

그림 4의 문제는 정답만 요구하는 단순한 문장제 문제지만 여기에 풀이 과정을 설명하라는 조건이 붙으면 논술형 문제가 됩니다. 주어진 정보를 어떻게 조합해 어떤 결론에 이르게 되었는지를 논리적으로 설명해야 하기 때문입니다.

즉 수학에서 아이들의 생각을 묻는 문제는 대부분 개인적인 의견이나 생각을 묻는 서술형 문제가 아니라 근거를 통해 논리적으로 설명해야 하는 논술형 문제입니다. 따라서 이런 문제를 풀 때는 정확한 수학적 개념을 근거로 해서 답을 이끌어내는 것이 중요합니다.

04 아이의 수학 감각을 키우는 5가지 코칭 습관

부모들과 상담을 하다 보면 종종 듣는 말이 있습니다.

"우리 때는 수학을 못하는 애가 그렇게 많지 않았던 것 같아요."

그러나 실제로 예전보다 수학을 못하는 학생이 더 많아졌다기보다는, 아마 학교나 사회의 분위기가 예전과 많이 달라졌기 때문인 것 같습니다. 부모들이 학교에 다니던 1970~1980년대에는 교육이 전체적으로 획일화된 분위기를 띠고 있었습니다. 개개인의 특성에 신경 쓰기보다는 공동의 성취를 더 중요시했기 때문에 반의 평균 점수, 학교의 평균 점수 등을 높이는 데 목표를 두었습니다. 학생 개별적으로도 각 과목별 점수보다는 전체 과목의 평균 점수가 더 중요했습니다.

지금의 교육은 개인의 특성을 중시하는 쪽으로 변했습니다. 이에 따라 모두가 다 똑같이 공부를 잘해야 하는 것은 아니라는 생각이 널리 퍼지고 있습니다. 모든 과목의 공부를 다 잘해야 한다는 생각도 점차 사라지고 있지요.

바뀐 학교 교육 속에서 부모의 홈코칭이 더욱 중요하다

지금은 '공부'를 잘하느냐보다 '무엇'을 잘하느냐가 중요한 시대입니다. 야구선수 류현진이 미국에서 메이저리거로 성공하는 데 수학 공부가 도움이 되었을까요? 방탄소년단이 세계적인 아티스트가 되기 위해 수학 공부를 열심히 했을까요? 소년 농부로 유명한 한태웅은 초등학교 때부터 공부 대신 농사일에 더 집중했다고 합니다. 상업과 비상업 분야를 넘나들며 기발한 아이디어들을 보여주는 광고 천재 이제석도 어릴 때부터 학업에는 그리 관심이 없었다고 하지요.

이처럼 요즘은 공부가 올바른 삶이나 성공의 절대적 필요 요소라는 생각이 많이 희미해지고 있습니다. 공부가 필수가 아닌 선택 사항이 되고 있는 것이지요. 이런 시대의 흐름 속에서 학교는 점차 학업 성취도에 치중하던 모습에서 벗어나 개인의 특성과 잠재력을 발견해 부모와 주변에 알려주면서, 아이가 올바른 방향을 찾아 성장해 나가도록 뒷받침하는 역할을 중시하게 되었습니다.

성적이 다른 학생들보다 못하다고 해서 주눅 들게 하거나 낙제생 취급을 하는 대신 아이의 숨겨진 재능과 끼를 찾아 아이가 미래에 사회에서 자신에게 맞는 일을 찾아 능력을 펼칠 수 있도록 돕는 것이 지금 학교의 목표인 것입니다.

남다른 재능이 있다거나 무언가 확고한 목표를 갖고 있는 아이를 둔 부모들 중에는 공부에 미련을 두지 않는 경우도 있을 것입니다. 그러나 대부분의 평범한 아이들은 아직 길이 정해지지 않았습니다. 앞으로 어떤 길을 걷게 될지 모를 아이들의 미래를 위해, 사실 공부만큼 안전하고 확실한 발판도 없습니다. 이런 사실을 잘 알고 있기 때문에 많은 부모들이 아이의 학업에, 그중에서도 특히 기초부터 단단히 밟아가야 하는 수학 공부에 신경을 쓰는 것이겠지요. 그런데 아직까지 예전의 생각에서 벗어나지 못한 몇몇 부모들은 이런 요구를 하기도 합니다.

"수학이 얼마나 중요한데, 학교에서 수학 성적 관리를 더 철저하게 해줘야 되는 것 아닙니까?"

다시 한 번 말씀드리지만 학교의 분위기도, 학교의 역할도 전과 같지 않습니다. 학교가 예전처럼 학생들의 학업 성취도 관리에 적극적으로 나서기 쉽지 않은 만큼, 아이의 수학 성적이 부진한 것이 걱정된다면 부모들이 보다 능동적으로 나서야 합니다.

일단은 아이의 수학 성적에 대한 기대 수준을 먼저 생각해보고, 그 기준에 따라 성취도를 체크할 것을 권합니다. 만약 아이의 성향 등을 고려했을 때 현재의 수학 성적이 기준에 못 미친다고 생각되면 미리 대처하는 것이 좋습니다. 뒤늦게 아이가 수학 때문에 힘들어하는 상황이 생겼을 때는 상황을 돌이키기가 매우 힘들 수도 있으니까요.

수학을 못하는 아이일수록 관심과 배려가 필요하다

최근 시카고 대학의 심리학 교수 이안 라이언스의 연구팀은 흥미로운 연구를 진행했습니다. 수학 문제를 푸는 동안 뇌에서 일어나는 변화를 자기공명영상으로 촬영한 것이지요. 실험은 수학을 좋아하는 사람과 그렇지 않은 사람으로 나누어 진행되었습니다. 그 결과 수학을 싫어하는 사람들은 수학 문제를 푸는 동안 물리적인 위협을 받을 때와 비슷하게 뇌의 영역이 활성화되는 모습이 관찰되었습니다. 수학 외에 언어 영역 등의 문제를 풀 때는 이런 변화가 나타나지 않았습니다.

더 눈여겨볼 부분은 실제로 수학 문제를 풀 때보다 문제를 풀기 전에 더 고통스러운 반응을 보였다는 것입니다. 수학책만 펼쳐도 머리가 아프다는 얘기가 꾀병이 아니라는 것이지요. 당연히 이런 증상은 수학을 어려워하고 싫어하는 사람일수록 더 심하게 나타났습니다. 이를 통해 수학 학습 능력이 떨어지는 아이가 겪는 고통이 어떤 것인지, 그리고 세심한 배려가 필요하다는 것을 알 수 있습니다. 그런데 안타깝게도 학교에서는 그런 아이들을 일일이 보살피는 것이 쉽지 않습니다.

한 부모 밑에서 나온 자식들도 아롱이다롱이라고 하는데, 한 교실 안에는 얼마나 다양한 아이들이 모여 있겠습니까. 생김새부터 성격, 학습에 대한 성취도와 흥미까지 모두 다 각양각색이지요. 이런 교실에서 이루어지는 수업은 자연히 '평균'을 기준으로 할 수밖에 없습니다. 예전보다는 한 교실의 학생 수도 많이 줄었고, 교사들도 학생 개개인의 특성을 좀 더 세심하게 배려하려고 노력하는 편이지만 그래도 모두의 상황을 다 고려하는 건 무리가 있겠지요.

학교에서는 집단 지도를 하며 교육과정상 성취해야 하는 목표가 있습니다. 그 목표를 실현하기 위해서는 학생들이 이전의 학습 목표들을 달성했다는 가정하에 수업을 할 수밖에 없습니다. 예를 들어 4학년 교실에서 수업을 할 때는 그 교실에 앉아 있는 아이들이 모두 3학년 때까지 배운 수학을 잘 이해하고 있다는 가정하에 수업을 계획하고 진행하게 되겠지요. 그러니 당연히 수업에서 적극성을 보이고 과제도 잘 수행하는 것은 모두 이전 학년의 성취 기준을 충분히 달성한 아이들입니다.

보통은 이런 학생들을 중심으로 수업이 진행될 수밖에 없습니다. 그래서 이전의 학습 목표를 달성하지 못한 아이들은 상대적으로 소외되기 쉽습니다. 그러다 보면 진도를 놓치게 되고, 실력은 자꾸 뒤처지게 되겠지요. 그 상태가 개선되지 않고 계속된다면 언젠가는 수학책만 펴도 머리가 아픈 지경에 이르게 될 것입니다.

이런 상황에 놓인 아이들은 학습적인 자존감이 떨어져 있는 경우가 대부분입니다. 자신이 선생님이나 친구들에게 '원래 수학을 못하는 애'라고 인식된다고 여기게 되면 스스로의 학습 능력에 자신감을 갖기가 어렵겠지요. 주눅이 들면 원래 잘하던 일도 제 실력을 발휘하기 힘든 법입니다. 그런데 자신감을 잃고 위축된 상태에서 위계적인 특성이 있는 수학을 계속 배워야 한다면, 아이들은 과연 그 상황을 혼자서 헤쳐 나올 수 있을까요?

한번 학습 부진의 늪에 빠진 아이들은 일반적인 집단 수업만으로는 만회하기가 쉽지 않습니다. 보다 개별적인 관심과 배려가 필요하지요. 하지만 현실적으로는 학습이 부진한 학생들보다 학업 성취도가 높고 적극적인 학생들에게 더 많은 관심과 다양한 교육적 기회가 주어지고 있습니다. 사교육 시장까지 눈을 넓혀보아도 수학 영재들을 위한 제도나 학원들이 학습이 부진한 학생들을 돕기 위한 장치들보다 더 많지 않습니까. 이러한 상황에서 부모들마저 아이가 겪고 있는 어려움에 관심을 기울여주지 않는다면 아이는 혼자서 높아져만 가는 수학의 벽을 마주할 수밖에 없을 것입니다.

부모의 격려가 수학 1등을 만든다

　부모가 아이들의 수학 공부를 돕기 위해 제일 먼저 해야 할 일은 우선 아이가 수학을 못한다는 사실에 주눅 들지 않도록 격려하는 것입니다. 수학이 모든 학문의 기초가 되는 학문이라 중요한 것은 맞지만, 그렇다고 수학을 어려워하는 것이 잘못은 아니지 않습니까. 그런데 여기저기서 워낙 수학의 중요성을 강조하다 보니 아이들은 수학을 못한다는 사실에 자괴감에 빠지거나 심지어 죄책감을 느끼기까지 합니다.

　아이들의 개성과 능력은 다양합니다. 수학은 남들보다 이해가 빠른 반면 체력은 남들보다 떨어지는 아이도 있고, 언어 능력은 뛰어난데 수학은 힘들어하는 아이도 있습니다. 부모 세대 때는 학교에서 나머지 공부 등을 통해 이런 부족함을 극복할 수 있도록 어느 정도 도움을 주었습니다. 그러나 요즘은 여러 이유로 학교에서 나머지 공부를 하기 어렵습니다. 따라서 부모의 역할이 중요합니다.

　부모는 아이들의 능력을 평가하는 사람이 아니라 아이들의 이런 모습을 살펴서 잘하는 것은 더 잘할 수 있도록 뒷받침해주고, 모자란 것은 채워주는 사람이 되어야 합니다. 체력이 부족하면 운동을 하게 하고, 어휘력이 부족하면 책을 좀 더 읽게 하듯 수학의 이해가 더디다면 남들보다 조금 더 노력하게 하면 되는 것입니다.

　다만 그 노력이 보다 더 큰 효과를 얻기 위해서는 문제점을 정확하게 파악하고 그에 맞게 대응하는 요령이 필요하겠지요. 그에 대해서는 역시 3장에서 언급하겠습니다. 한 가지 분명한 것은 이런 것들을 아이 혼자 해내기는 버겁다는 것입니다. 그래서 반드시 부모의 지원과 격려가 필요합니다.

부모의 관심과 격려는 비단 수학뿐만 아니라 다른 학업의 성취도를 높이는 데에도 매우 중요합니다. 이것을 잘 보여주는 것이 바로 로젠탈 교수의 실험 결과입니다. 하버드대 심리학과 교수인 로버트 로젠탈 교수는 한 초등학교에서 전교생을 대상으로 지능 검사를 실시한 후 그중 상위 20%의 우수한 학생을 선발해 그 명단을 교사에게 주었습니다. 그리고 몇 달 후 그 학생들의 학업 성취도를 다른 학생들과 비교해보았지요.

그 결과 상위 20% 명단에 있었던 학생들의 학업 성취도는 다른 학생들과 비교해서 뚜렷하게 차이가 날 정도로 향상되어 있었습니다. 원래부터 우수한 학생이었으니 당연한 결과였을까요? 아닙니다. 사실 그 20%는 우수한 학생들이 아니라 무작위로 선발된 아이들이었습니다. 그런데 어떻게 이런 결과가 나왔을까요? 그 학생들의 자질이 우수하다고 믿었던 선생님들이 격려와 칭찬을 아끼지 않으며 벌어진 일이었습니다. 이것이 이른바 '로젠탈 효과'입니다.

아이들의 수학 실력은 부모와 아이의 노력으로 나아질 수 있습니다. 우리부터가 이 사실을 믿고 아이들에게 자신감을 주어야 합니다. 이것이 아이들의 수학 실력을 키우는 첫걸음입니다.

╋ ━ ✕ ÷

점수 확인보다 피드백이 중요하다

아이들이 수학을 부담스럽게 여기는 데 수학 자체만큼이나 큰 영향을 끼치는 것이 바로 수학 시험에 대한 스트레스입니다. 아이들이 수학 시험에서 느끼는 불안감에 대해 여러 논문에서 수집한 내용들을 살펴보면 대체로 다음과 같습니다.

"시험을 볼 때 시간 내에 다 못 풀까봐 불안해요."
"수학 시험을 보고 선생님께서 채점을 하실 때 불안해요."
"시험 점수가 낮으면 엄마 아빠한테 혼나요. 혼날 때 너무 무서워요."
"시험 때문에 밤늦게까지 학원에서 공부하고 집에서도 못 자고 또 공부해야 해요."
"시험을 봐서 점수가 낮으면 기분이 안 좋아요."
"시험 볼 때 모르는 문제가 나오면 그때부터 심장이 떨려요."

아이들의 불안감이 어느 정도인지 느껴지시나요? 아이들의 이런 불안감에는 주변의 기대에 미치지 못할까 봐 느끼는 부담, 부모의 잔소리 혹은 체벌, 더 나아가 자신의 미래에 대한 걱정까지 포함되어 있습니다.

요즘 아이들은 확실히 예전 세대보다 부모의 사랑과 관심을 많이 받고 자라는 편입니다. 그런데 때로는 그 관심과 사랑이 아이들에게 부담이 될 수도 있습니다.

상담을 하다 보면 자신이 부모의 사랑과 기대에 부응하지 못하고 실망만 안겨줄 것 같아서 너무 불안하고 걱정된다고 호소하는 아이들이 종종 있습니다. 마치 팬들의 사랑을 한몸에 받고 있는 아이돌 가수가 무대를 앞두고 팬들의 기대를 충분히 만족시킬 공연을 펼치지 못할까 봐 걱정하고 있는 것 같다고나 할까요.

앞서 수학을 어려워하는 사람들은 수학 문제를 풀 때 물리적 위협을 느낄 때와 비슷한 불안을 느낀다는 실험 결과에 대해 이야기한 적이 있습니다. 그리고 문제를 실제로 풀 때보다 풀기 전에 더 큰 불안을 느낀다는 내용도 언급을 했었지요. 이런 부담감을 안고 시험에 임하면 제 실력을 발휘할 수 있을까요? 당연히 아닙니다.

아이들은 어릴수록 가까이 있는 사람에게서 심리적으로 큰 영향을 받습니다. 즉 대부분의 경우 부모의 태도가 아이들의 이런 불안과 스트레스를 결정한다고 보아도 무방하다는 것입니다. 모든 아이들이 다 수학 시험에 불안을 느끼고 부정적인 반응을 보이는 것은 아닙니다. 시험에 긍정적으로 임하는 아이들이 하는 말에 귀를 기울여보면 부모의 태도가 얼마나 중요한지를 알 수 있습니다.

"수학 시험지를 엄마 아빠한테 보여주는 게 좋아요. 고생했다고 맛있는 걸 해주시거든요."

"저는 수학 시험 보는 게 좋아요. 엄마 아빠한테 시험지를 보여드리면 잘했다고 칭찬해주시니까요. 조금 못 봤어도 다음에 더 잘하도록 노력하면 된다고 해주시니까 별로 부담스럽지 않아요."

"우리 엄마는 내가 60점도 못 받았는데 혼내지 않아요. 대신 왜 틀렸는지 알려주셔서 다음에는 잘할 수 있을 것 같아요."

부모들은 아이들의 이런 대답에서 한 가지 실마리를 얻어야 합니다. 시험을 결과로만 평가할 것이 아니라 과정으로 보아야 한다는 것입니다. 시험의 결과만 놓고 잘했다, 못했다를 판단할 것이 아니라 시험을 아이의 발전 방법 중 하나로 활용해야 합니다. 즉 '시험은 공부한 내용을 잘 이해했는지 확인해보고 자신의 실력을 점검해볼 수 있는 기회다', '시험을 통해 내가 무엇을 잘 알고 무엇을 잘 모르는지 알 수 있다'라는 인식을 심어주어야 하는 것입니다.

아이의 성향에 맞는 학습 지도가 필요하다

아이들의 수학 성취도가 교사들의 수업 방식에 의해 크게 좌우된다는 사실은 여러 연구 결과를 통해 이미 검증된 바 있습니다. 교사들이 단순한 설명이나 암기 위주의 지루한 수업을 계속했을 때는 수학에 대한 아이들의 부정적 인식이 높아지지만, 아이들의 흥미를 끌 수 있는 다양한 방법을 동원해 수업을 진행했을 때는 반대로 수학에 대한 긍정적 인식이 높아진다는 것입니다.

교육 현장에 있는 사람들도 물론 이 사실을 잘 알고 있습니다. 그래서 특히 수학의 세계에 막 발을 들여놓는 초등학교 1, 2학년 학생들의 교과서에는 놀이를 많이 포함해놓았고, 교사들도 재미있는 이야기나 놀이, 게임 등을 통해 아이들이 즐겁게 수학을 익힐 수 있도록 노력하고 있습니다.

저의 경우에도 혼자 떠들고 일방적으로 내용을 전달하는 수업 방식에서 벗어나, 아이들이 능동적으로 수업에 참여할 수 있는 방법들을 많이 연구하는 편입니다. 예를 들어, 도형을 처음 배우는 아이들에게 직접 몸으로 도형을 만들어보게 하는 식이지요. 혼자서 혹은 두 명에서 짝을 지어 여러 가지 방식으로 도형을 만들어보라고 하면 아이들은 기발하고 창의적인 방식으로 저마다 자기만의 도형을 만들어냅니다. 아이들은 이렇게 자신들이 몸으로 만들어낸 삼각형, 사각형, 원의 특징을 외우지 않아도 자연스럽게 기억하게 됩니다.

도형과 마찬가지로 수와 연산도 개념을 이해하거나 익히는 활동을 할 때 놀이를 활용하였는데요. 예를 들어, 덧셈을 배울 때 〈로보 77〉 등의 카드 게임을 활용하는 것도 효과가 좋았습니다. 수업이 놀이가 되면서 아이들은 공부한다는 생각 없이 즐겁게 노는 동안 자연스럽게 덧셈의 원리를 익히게 되지요.

그림 1_ 숫자 놀이 문제(수학 1-1 〈9까지의 수〉)

 숫자 놀이를 해 봅시다.

놀이뿐만 아니라 수학 수업에 다양한 교구를 적절하게 활용하면 아이들의 집중도와 이해력을 높일 수 있습니다. 특히 교구를 학교에서만 사용하는 것이 아니라 집에서도 아이들이 직접 사용해보게 하면 수학을 추상적으로만 받아들이는 것이 아니라 몸으로 느끼게 되기 때문에 학습 효과를 높일 수 있습니다.

놀이와 교구를 이용한 수학 학습에서 집중도를 더 높일 수 있게 해주는 방법 중 하나가 적절한 '보상'입니다. 여러 가지 보상이 있을 수 있는데, 아이들이 재미있어하는 교구에 대한 사용권을 보상으로 내걸고 수업 참여를 유도하는 것도 그중 하나입니다.

저는 교구 사용권 외에도 급식을 빨리 먹을 수 있는 카드, 청소를 안 할 수 있는 카드, 숙제를 안 할 수 있는 카드 등 아이들의 흥미를 끌 수 있는 다양한 보상을 이용하는 한편, 아이들이 지루해하지 않도록 계속해서 새로운 보상을 생각해내려 애쓰는 편입니다.

이러한 보상은 '언제' 주는지도 중요합니다. 문제를 잘 풀거나 성적이 좋은 학생들에게만 보상이 주어지는 것은 요즘 교육이 추구하는 방향과 맞지 않을뿐더러, 다양한 학생들의 관심을 끄는 데도 한계가 있습니다. 그래서 저는 주로 '참신한 생각'을 해낸 학생들에게 큰 칭찬과 보상을 하는 편입니다.

이런 노력들은 저만 하는 것이 아닙니다. 많은 교사들이 자신만의 효율적인 수업 방식을 고민하고, 또 서로 의견을 나누며 더 나아지려 애쓰고 있습니다. 교사들은 저마다 자신만의 교육 철학을 가지고 본인의 전문성을 발휘하여 수업을 설계하고 진행하고 있습니다. 하지만 안타깝게도 학교에서는 집단 수업을 해야 합니다. 앞에서 말한 것처럼 평균적인 학생, 즉 이전 학년에서 학습 목표를 충분히 달성한 학생들의 눈높이에 맞춰 진행하다 보니, 우리 아이의 개별적 상황과 맞지 않는 한계가 있을 수 있습니다.

좋은 학원을 고르는 기준

이럴 때 보통 부모들은 학원을 찾게 됩니다. 부모들이 학원을 고르는 기준은 대체로 '잘 가르치는' 학원입니다. 그런데 어떻게 가르치는 게 '잘 가르치는' 것일까요? 저의 생각으로는 비슷한 유형의 문제들을 많이 풀게 해서 문제 푸는 실력만 향상시켜주는 학원은 진정으로 잘 가르치는 학원이 아닙니다. 물론 그렇게 하면 단기적으로는 수학 실력이 나아지는 것처럼 보일 수 있겠지만, 장기적으로는 수학을 지루하고 부담스럽게 여기도록 만드는 부정적인 영향이 더 크기 때문입니다.

학교 수업에서 수학에 흥미를 느끼지 못했다면 학원 수업에서라도 흥미를 느낄 수 있어야 합니다. 그래서 학원을 고를 때 아이가 즐겁고 논리적으로 사고하는 힘을 길러주는 수업 방식을 취하고 있는지, 개별적으로 아이를 살펴 학교에서 쌓인 수학에 대한 부정적인 인식을 덜어주고 스스로 공부에 흥미를 가질 수 있도록 유도하고 있는지를 잘 살펴서 결정하라고 권하고 싶습니다.

교육도 궁합이 중요합니다. 가르치는 사람과 배우는 학생의 궁합이 잘 맞아야 높은 학습 효과를 기대할 수 있으므로, 아이가 학교 선생님과 궁합이 그럭저럭 괜찮다면 참으로 다행한 일입니다. 하지만 그렇지 않다고 해도 사실 달리 방법이 없지요. 이럴 때 필요한 것이 학원입니다.

학교 선생님은 우리 아이에게 맞게 선택할 수 없지만 학원은 비교적 선택의 여지가 넓은 편이니 아이의 성향을 잘 파악하여 아이와 궁합이 잘 맞는 학원, 강사를 만날 수 있게 해주는 것이 좋습니다. 그래서 학원을 고를 때에 학원의 지도 스타일, 반 분위기, 강사의 교육 방식, 수업 내용 등을 잘 파악해서 신중하게 선택해야 합니다. 만약 아이의 성향에 대한 판단이 잘 서지 않거나 새로 다니게 된 학원이 아이와 잘 맞는지 궁금하다면, 아이가 학원에 다니면서 수학에 대한 생각이 어떻게 바뀌는지를 잘 살펴보는 것이 좋습니다.

그러나 학원에 지나치게 의존하는 것은 좋지 않습니다. 어디까지나 학습의 중심은 학교가 되어야 합니다. 수업 내용을 잘 이해하지 못해 학교의 수학 수업을 지루해하는 아이들도 있지만, 반대로 다 알고 있기 때문에 흥미를 느끼지 못하는 아이들도 많습니다. 즉 '학원에서 이미 다 배웠기 때문에 학교 수업을 듣고 있기가 따분하다'는 것입니다. 이는 선행 학습을 위주로 하는 학원들의 폐해이기도 합니다.

학교 수업에 흥미를 잃으면 학생들은 점점 더 학원에 의존할 수밖에 없고, 따라서 자율적인 학습 태도 또한 점점 소실되기 마련입니다. 또 학원에서 배우는 것과 학교에서 배우는 내용이 달라 혼란을 겪을 수도 있고요.

무조건 먼저, 빨리 배운다고 좋은 것이 아닙니다. 선행 학습은 아무래도 자신의 수준에 적정한 내용을 익히는 것보다 어려울 수밖에 없습니다. 잠깐 앞서가려다 오히려 수학에 대한 부정적인 인식만 키우는 경우가 허다합니다. 무엇이든 과하면 좋지 않습니다. 학교 수업과 학원 수업의 균형을 맞추며 내실 있게 실력을 다져가는 것이 장기적으로 보았을 때 아이들이 수학에서 멀어지지 않도록 하는 좋은 방법입니다.

3장

초3 엄마가 반드시 알아야 할 단원별 핵심 가이드

01. 수 영역

아이의 머릿속에 수학을 그려주자

학습 단계

	1~2학년		3~4학년
1-1	1단원 〈9까지의 수〉 5단원 〈50까지의 수〉	3-1	6단원 〈분수와 소수〉
1-2	1단원 〈100까지의 수〉	3-2	4단원 〈분수〉
2-1	1단원 〈세 자리 수〉	4-1	1단원 〈큰 수〉
2-2	1단원 〈네 자리 수〉	4-2	

2015 개정 교육과정 초등 1~4학년별 수 단원

　수와 연산은 수학에서 가장 기본이 되는 영역입니다. 위계성이 특히 커서 앞 단계를 이해하지 않고서는 절대 다음 단계로 나아갈 수 없는 영역인 만큼, 기초를 단단히 하는 것이 중요합니다. 그러니 만약 초등학교 3학년 또는 4학년 아이가 수와 연산 영역에서 어려움을 겪고 있다면 현재의 학습 진도에 연연하는 대신, 반드시 학습 부진이 발생한 단계로 돌아가서 그 부분부터 되짚어주어야 합니다.

수 개념 체크 ❶
자리 수와 자릿값을 이해하지 못하는 경우

 대부분의 아이들은 유치원에서 누리과정을 거치며 1부터 20까지의 수를 배우고 초등학교에 입학합니다. 그래서 1부터 9까지의 수를 배우는 1학년 1학기 초반 과정은 비교적 적응이 쉽습니다. 물론 앞서 이야기한 것처럼 이 역시 개인차가 있으므로 아이들이 수를 기호화하여 이해하는 과정을 무리 없이 잘 따라가고 있는지 살펴보는 것이 좋습니다.

 1학년 1학기 후반에 50까지의 수를 배우는 과정에서는 '자리 수'와 '자릿값' 개념을 익혀야 합니다. 유치원에서 20까지의 수를 배우면서 두 자리 수를 접하기는 하지만 이때는 일대일 대응, 즉 수를 하나씩 세어서 나타내는 것만 배웁니다. 그러나 학교에서는 똑같은 숫자라도 어떤 자리에 있는지에 따라 의미가 달라진다는 것을 이해해야 합니다. 이를 '위치적 기수법'이라고 하는데, 수를 10개씩 묶어 세는 방법을 통해 학습하게 됩니다.
 예를 들어, '333'은 똑같은 숫자 '3'이 세 번이나 쓰였지만 그 숫자가 어떤 자리에 있는지에 따라 각각 나타내는 수가 다르다는 것을 배워야 한다는 뜻입니다. 백의 자리에 놓인 숫자 '3'은 실제로는 '300'이라는 수를, 십의 자리에 놓인 숫자 '3'은 실제로는 '30'이라는 수를 나타낸다는 것을 이해해야 합니다(그림 1).

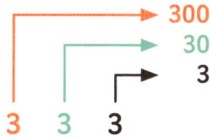

그림 1_ 자리 수와 자릿값의 개념

1학년 1학기에서 아이들은 이 자리 수와 자릿값을 '묶음'이라는 개념으로 배우게 됩니다. 즉 '26'이라는 수에서 숫자 '2'는 10개짜리 2묶음을 나타낸다는 것을 이해해야 합니다. 처음부터 이런 개념을 확실하게 잡아두지 않으면 백의 자리, 천의 자리로 이어지는 수를 이해하기 힘들어집니다. 그러면 3학년부터 배우는 세 자리 수의 덧셈과 뺄셈을 익히는 데 지장이 있을 수밖에 없고, 큰 수의 개념을 이해하는 데도 어려움을 겪게 될 것입니다.

해결 방법: 실물 교구와 그림을 활용하기

미국의 교육심리학자인 제롬 브루너Jerome Bruner의 다양한 연구 성과는 여러 나라의 교육과정과 학습 이론에 큰 영향을 미치고 있습니다. 우리나라도 예외는 아니어서 현재 우리나라 초등 교과서는 학습 단계를 '작동(활동)적Enactive 단계' '영상적Iconic 단계' '상징적 Symbolic 단계'로 구분한 그의 EIS 이론을 적극 차용하고 있습니다.

여기서 작동(활동)적 단계는 실물을 통해 지식을 익히는 단계로, 즉 몸으로 직접 표현하거나 실제의 물건을 가지고 학습하는 것입니다. 영상적 단계는 그림이나 도형 등을 통해 학습하는 단계이며, 상징적 단계는 기호나 수식, 문자 등을 통해 지식을 이해하는 단계입니다.

아이들에게 자리 수와 자릿값의 개념을 이해시킬 때는 이 EIS 학습 이론을 적극적으로 활용하는 것이 좋습니다. 예를 들어, 십의 자리에 대한 이해가 부족할 때는 '연결 큐브' 등의 교구를 이용해 직접 낱개를 10개씩 묶어보는 작동(활동)적 단계의 학습이 효과적입니다.

집에 이러한 교구가 없다면, 이쑤시개나 나무젓가락 등을 이용해도 좋습니다. 이쑤시개를 10개, 100개 단위로 묶어서 100개짜리 묶음 2개, 10개짜리 묶음이 3개, 1개짜리가 1개 있으면 231이 된다는 것을 체험하도록 하는 것입니다. 이렇게 사물을 통해 수의 크기를 직접 체험하게 되면 자리 수와 자릿값에 대한 감각을 자연스럽게 익힐 뿐만 아니라 기억에도 오래 남게 됩니다.

그림 2_ '연결 큐브' 예시

더 큰 수를 이해할 때는 수 모형 그림 등을 이용한 '영상적 단계'의 학습이 도움이 됩니다(그림 3). 예를 들어, '231'이라는 수를 이해할 때 수 모형 그림을 통해 숫자 '2'가 실제로 나타내는 것은 '100'짜리 묶음 2개가 모인 '200'이라는 것과 숫자 '3'이 실제로 나타내는 것은 '10'짜리 묶음 3개가 모인 '30'이라는 것을 이해하게 됩니다.

아이에게 큰 사각형, 긴 사각형, 작은 사각형을 직접 그려보도록 하는 것도 좋습니다(그림 4). 이렇게 직접 그린 그림으로 '231'과 같은 세 자리 수들을 경험하게 함으로써 집에서도 아이의 영상적 단계 학습을 손쉽게 도와줄 수 있습니다.

이런 과정을 통해 큰 수들이 단순히 숫자가 나열된 것이 아니라 그 자리에 따라 서로 다른 양과 크기를 가지고 있다는 것을 확실하게 익혀야 합니다. 이 개념이 분명하게 자리 잡혀 있어야 두 자리나 세 자리 수의 덧셈과 뺄셈을 배우는 데 지장이 없습니다.

그림 3_ 수 모형 그림을 이용해 자리 수와 자릿값 이해하기

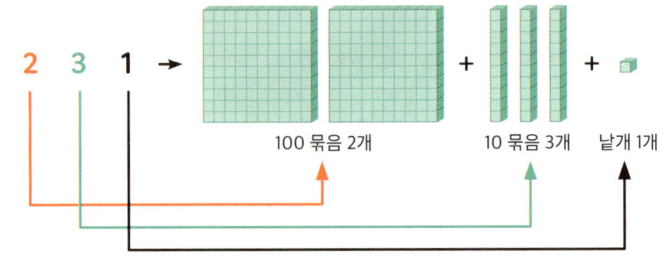

그림 4_ 수 모형 도형 그리기를 통해 자리 수와 자릿값 이해하기

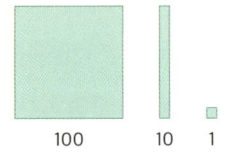

수개념 체크 ❷
분수를 이해하지 못하는 경우

초등학교 2학년 과정까지 배우는 수의 영역은 천의 자리까지입니다. 즉 셀 수 있는 자연수 위주로 배우는 것입니다. 그러다 3학년이 되면 새로운 수의 개념을 접하게 되는데, 바로 분수와 소수입니다. 3학년 1학기에 분수의 기본 개념에 대해 배우고, 2학기가 되면

이를 바탕으로 조금 더 복잡한 내용을 익히게 되지요.

3학년 1학기에서는 하나를 여럿으로 쪼갰을 때 그중 얼마만큼을 나타내는지를 알아보는 방법으로 분수의 기본 개념을 익힙니다. 그림 5와 같이 그림 등을 이용하면 $\frac{1}{2}$이나 $\frac{3}{4}$ 같은 분수가 나타내는 내용이 직관적으로 보이기 때문에, 3학년 1학기 때는 분수를 쉽게 생각하기도 합니다.

하나를 쪼갠 양으로 비교를 하기 때문에 $\frac{2}{4}$와 $\frac{3}{4}$ 중 무엇이 더 큰 수인지도 한눈에 이해할 수 있고, 더 나아가 $\frac{1}{4}$과 $\frac{1}{3}$처럼 분모가 다른 단위분수의 크기도 쉽게 비교할 수 있습니다. 그래서 이 단원에 대한 학생들의 학업 성취도는 비교적 높게 나타나는 편입니다.●

하지만 3학년 2학기 때 배우는 '분수로 나타내기', '분수만큼이 얼마인지 알기', '여러 가지 분수' 등 세 가지는 1학기 때 배운 것처럼 간단하지 않습니다.

3학년 1학기 때는 하나를 쪼갠 양으로 분수를 나타내다 보니 반의 개념, 반의 반을 나타내는 개념 등으로 분수를 이해했습니다. 하지만 2학기 때는 그림 6과 같이 전체를 동일한 몇 개의 묶음으로 나누고, 그 묶음 중 얼마를 나타내고 있는지를 분수로 표현하는 방

● 김유경·방정숙, 〈3학년 학생들의 전체-부분으로서의 분수에 대한 이해 분석〉,
　대한수학교육학회, 수학교육학연구, 2012.

3장 초3 엄마가 반드시 알아야 할 단원별 핵심 가이드

그림 5_ 분수 문제 1 (수학 3-1 〈분수와 소수〉)

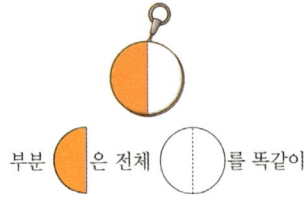

2로 나눈 것 중의 1입니다.

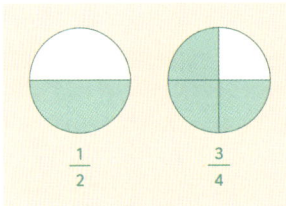

직관적으로 알기 쉬운 분수

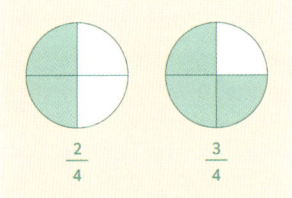

분모가 같은 분수의 크기 비교

1						
$\frac{1}{2}$			$\frac{1}{2}$			
$\frac{1}{3}$		$\frac{1}{3}$			$\frac{1}{3}$	
$\frac{1}{4}$		$\frac{1}{4}$		$\frac{1}{4}$		$\frac{1}{4}$
$\frac{1}{5}$	$\frac{1}{5}$	$\frac{1}{5}$	$\frac{1}{5}$	$\frac{1}{5}$		

분모가 다른 단위분수의 크기 비교

> **그림 6_ 분수 문제 2 (수학 3-2 〈분수〉)**

색칠한 부분은 3묶음 중에서 2묶음이므로 전체의 □/□ 입니다.

법을 익혀야 합니다.

예를 들면, 그림 6의 분수 문제는 6개를 2개씩 3묶음으로 묶었을 때 그중 2묶음을 나타내는 것이 $\frac{2}{3}$라고 설명할 수 있습니다.

이제 3학년 1학기 때처럼 눈으로 보아 직관적으로 알 수 있는 것이 아니라, 수학적 사고를 해야 하는 단계가 된 것입니다. 단순히 쪼개진 수가 분수라는 것을 이해하는 것뿐만 아니라 전체에 대한 부분을 분수로 나타내는 방법도 이해해야 하는 것입니다.

그러다 보니 많은 학생들이 3학년 2학기의 〈분수〉 단원에서 어려움을 겪습니다. 3학년 1학기 때 분수를 배우며 거의 90%에 달했던 학업 성취도가 2학기 때는 전체적으로 많이 떨어집니다. 특히 '부분을 비단위분수로 나타내기' 부분에서 가장 부진한 모습을 보이는데, 이는 '분수만큼 나타내기'와 '분수로 나타내기'를 제대로 이해하지 못하는 학생들이 많다는 뜻입니다.••

•• 김유경 외, 앞의 논문.

그림 7_ 분수 문제 3 (수학 3-2 〈분수〉)

☐ 안에 알맞은 수를 써넣어 봅시다.

- 8의 $\frac{1}{4}$은 ☐입니다.

- 8의 $\frac{3}{4}$은 ☐입니다.

위의 그림 7은 3학년 2학기 〈분수〉 단원에 나오는 문제입니다. 8의 $\frac{1}{4}$을 어떻게 구할까요? 어떤 부모는 $8 \times \frac{1}{4} = 2$로 풀어서 아이에게 설명하셨다고 합니다. 부모님 기준에서는 쉽고 간단한 계산입니다.

하지만 이 문제는 초등학교 3학년이 풀어야 하는 문제입니다. 부모님이 설명해주신 분수의 곱셈은 5학년 2학기 때 배울 수 있는 어려운 개념입니다. 당연히 3학년 아이들에게 적용할 수 있는 설명이 아닙니다. 이처럼 내가 잘 알고 있는 것과 그것을 아이의 눈높이에 맞춰서 설명하는 것은 또 다른 일입니다. 그래서 아이가 알고 있는 범위 내에서 설명할 방법을 고민해야 합니다.

아이들이 분수에 대한 이해력이 낮게 나타나는 것은 전체와 부분을 연결 짓는 능력이 부족하기 때문인 경우가 많습니다. 그래서 전체를 똑같이 나눈 묶음의 수와 한 묶음 내의 수를 혼동하기 쉽습니다. 이 부분의 이해를 도와줄 방법을 찾아야 합니다.

해결 방법: 박스 그림을 활용해 분수 이해하기

아이가 3학년 1학기 때는 괜찮았지만 2학기 때 분수를 배우면서 전체와 부분의 관계를 잘 이해하지 못하고 있다면, 박스를 그리는 방법으로 간단하게 도와줄 수 있습니다. 1학기 때 그림을 통해 분수의 개념을 직관적으로 이해했던 방법을 응용하는 것이지요.

예를 들어, '6개의 감 중 3개는 전체의 얼마에 해당합니까?'라는 문제가 있다면 6개의 감을 하나의 박스라고 생각하는 것입니다. 감이 6개 있다는 것은 이 박스를 똑같이 6칸으로 나누었다고 바꾸어 생각할 수 있겠지요. 그렇다면 6개의 감 중 3개는 전체 6칸 중 3칸, 즉 $\frac{1}{2}$이라는 것을 쉽게 알 수 있습니다.

같은 방식으로 앞에 나왔던 그림 6의 분수 문제도 박스로 그려 볼 수 있습니다. 3묶음의 감을 박스 3칸으로 바꾸어 생각하면 전체 3칸 중 2칸에 해당하는 양이므로 $\frac{2}{3}$라고 이해할 수 있는 것이지요.

하나의 모양을 같은 크기로 쪼갠 분수는 '영역 모델'이라고 하고, 수직선이나 막대 모양을 같은 크기로 쪼개 분수로 나타내는 것은

그림 8_ 박스를 그려서 분수 이해하기 1

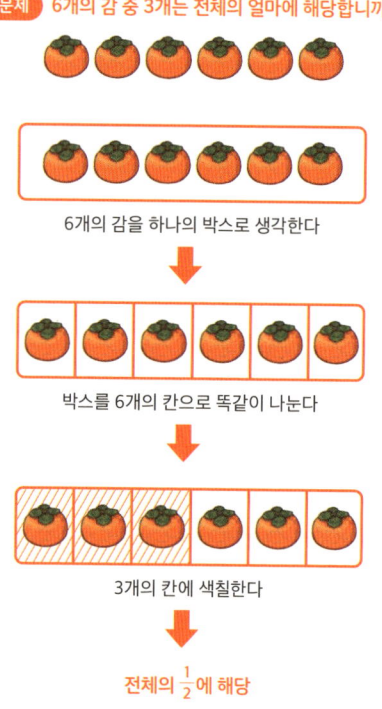

문제 6개의 감 중 3개는 전체의 얼마에 해당합니까?

6개의 감을 하나의 박스로 생각한다

박스를 6개의 칸으로 똑같이 나눈다

3개의 칸에 색칠한다

전체의 $\frac{1}{2}$에 해당

그림 9_ 박스를 그려서 분수 이해하기 2

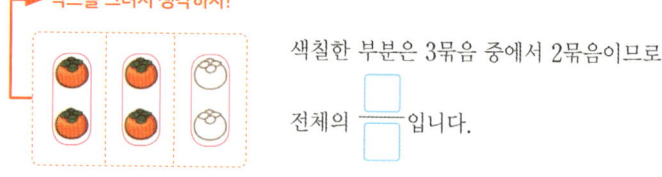

박스를 그려서 생각하자!

색칠한 부분은 3묶음 중에서 2묶음이므로

전체의 $\frac{\Box}{\Box}$입니다.

'길이 모델'이라고 합니다. 영역 모델이나 길이 모델은 하나의 덩어리를 쪼갠 것으로 보이기 때문에 아이들의 이해가 비교적 쉬운 편입니다.

그러나 6개의 감 중 3개를 분수로 나타내는 문제처럼, 사물의 집합을 하나로 보아야 하는 '집합 모델'은 이해하는 과정이 쉽지 않습니다. 눈으로 보고 직관적으로 이해할 수 있는 영역 모델이나 길이 모델과 달리, 여러 개가 모인 집합체를 하나의 단위로 생각하는 사고의 과정을 거쳐야 하기 때문입니다. 따라서 집합 모델 분수의 이해가 어려울 때는 그림 8처럼 집합 모델을 영역 모델처럼 생각할 수 있도록 하는 방법이 도움이 되는 것입니다.

앞선 그림 7의 해답도 같은 방법으로 찾을 수 있습니다. 그림 8처럼 8을 8개의 칸으로 생각하고 그중 $\frac{1}{4}$을 색칠하게 하는 것이지요. 그럼 몇 칸을 색칠해야 할까요? 8칸을 한 덩어리로 생각했을 때, 이것을 다시 작은 4개의 덩어리로 만들면 그 작은 한 덩어리가 바로 우리가 구하고자 하는 것이 됩니다. 작은 한 덩어리가 2칸이므로 구하는 답이 2라는 것을 알 수 있습니다.

이와 같이 실제 사물이나 수를 수직선이나 막대 모양 등으로 바꾸어 생각하는 것이 바로 브루너의 영상적 단계를 활용하는 방법입니다. 아이가 영상적 단계의 학습에 잘 적응하는지 살펴보고, 만약 적응이 서툴다고 느껴지면 작동(활동)적 단계의 학습을 조금 더 보충하는 것이 좋습니다.

그림 10과 같은 문제를 활용해 아이가 영상적 단계의 활동을 잘 하고 있는지 확인할 수 있습니다.

아이에게 바둑돌이 그려진 그림을 보고 빗금 친 부분이 전체의 얼마인지 생각해보게 하십시오.

그런 다음 그림에서 네모 칸을 지우고 바둑돌만 그린 다음 다시 물어보세요. 6개의 바둑돌 중 2개의 바둑돌이 전체의 $\frac{1}{3}$이라는 것을 이해했는지 확인해보는 것입니다. 이런 과정을 반복해서 학습하다 보면 차츰 네모 칸 같은 보조적인 도움이 없이도 분수의 개념을 잘 이해할 수 있게 될 것입니다.

분수는 자연수보다 더 추상화된 개념이라고 할 수 있습니다. 따라서 아직 추상화가 어려운 아이들을 위해서는 추상적인 개념을 실제적인 사물이나 눈으로 보고 이해할 수 있는 상황과 연결 지어 설명해주는 것이 좋습니다.

• 핵심 정리 •

01. 수 영역

🌟 **코칭 포인트**
수학의 가장 기본이 되는 영역이니 기초를 단단히 해야 한다.

🌟🌟 **꼭 알아야 할 개념 & 문제 해결 방법**

수 개념 ① 자리 수와 자릿값을 이해하지 못하는 경우
해결 방법 - 연결 큐브, 수 모형, 그림 등을 활용하기.

수 개념 ② 분수를 이해하지 못하는 경우
해결 방법 - '박스'를 그려 분수를 영상적 단계로 이해할 수 있도록 도와주기.

02. 연산 영역
아이의 연산 학년을 찾아라

학습 단계

	1~2학년		3~4학년
1-1	3단원 〈덧셈과 뺄셈〉 한 자리 수	3-1	1단원 〈덧셈과 뺄셈〉 세 자리 수 3단원 〈나눗셈〉 나머지 없음 4단원 〈곱셈〉 두 자리 수
1-2	2단원 〈덧셈과 뺄셈 (1)〉 4단원 〈덧셈과 뺄셈 (2)〉 6단원 〈덧셈과 뺄셈 (3)〉	3-2	1단원 〈곱셈〉 세 자리 수 2단원 〈나눗셈〉 나머지 있음
2-1	3단원 〈덧셈과 뺄셈〉 두 자리 수 6단원 〈곱셈〉	4-1	3단원 〈곱셈과 나눗셈〉
2-2	2단원 〈곱셈구구〉	4-2	1단원 〈분수의 덧셈과 뺄셈〉 3단원 〈소수의 덧셈과 뺄셈〉

2015 개정 교육과정 초등 1~4학년별 연산 단원

수학의 다른 영역들도 마찬가지지만 연산은 특히나 학기별 체계가 확실히 잡혀 있는 단원입니다. 2학년 1학기에 받아올림이 있는 두 자리 수끼리의 덧셈과 뺄셈을 배우고, 이를 바탕으로 3학년 1학기에 세 자리 수의 덧셈과 뺄셈을 배우는 식이지요. 그래서 연산을 어려워하는 아이들에게 중요한 것이 '지피지기知彼知己'입니다. 자신의 연산 능력이 어느 단계에서부터 막혀 있는지 확실히 알아야 합니다. 그리고 실제 학년과 상관없이 그 막혀 있는 단계, 즉 자신의 연산 학년을 찾아 거기서부터 차근차근 해결해야 합니다.

연산 개념 체크 ❶
세 자리 수 덧셈과 뺄셈을 못하는 경우

두 자리 수 덧셈도 제대로 이해 못 한 아이가 세 자리 수 덧셈 문제를 잔뜩 끌어안고 끙끙댄다고 한들 무슨 소용이 있을까요. 억지로 요령만 가르쳐 문제를 풀게 하면 기계적으로 풀 수는 있습니다. 하지만 연산의 원리를 확실히 익히지 못한 상태에서는 비슷한 실수가 반복될 수밖에 없습니다.

그러니 아이가 연산을 어려워한다면 계산하는 모습을 유심히 살펴보고, 아이의 현재 연산 학년을 찾아 그에 맞는 학습을 시켜주어야 합니다.

예를 들어, 16+28과 같이 받아올림이 있는 두 자리 수끼리의 덧셈을 어려워한다면 2학년 1학기의 연산 과정을 제대로 이해하지 못한 것이 아닌가 확인해 보는 것이 좋습니다. 5+9와 같이 받아올림이 있는 한 자리 수 덧셈을 더듬거린다면, 1학년 2학기의 연산부터 문제가 생긴 것이니 이때의 내용을 다시 찾아보아야 합니다. 또

만일, '2+7'과 같이 받아올림이 없는 한 자리 수 덧셈도 힘들어한다면 1학년 1학기의 덧셈 뺄셈부터 차근차근 다시 배워야 합니다.

1, 2학년 때의 연산을 무난히 이해한 아이들도 3학년이 되면 어려움을 호소하는 경우가 많습니다. 1, 2학년에서부터 이어지는 자연수끼리의 덧셈 과정의 완성이라고 할 수 있는 세 자리 수의 덧셈과 뺄셈을 익혀야 하고, 자연수끼리의 곱셈도 거의 막바지 단계에 이르러 (세 자리 수)×(한 자리 수), (두 자리 수)×(두 자리 수)까지 익혀야 하는 데다, 새로운 연산인 나눗셈에 대한 개념도 정립해야 하기 때문입니다. 따라서 아이가 3학년 들어 부쩍 수학을 어려워하고 있다면 먼저 연산 영역부터 점검해보는 것이 좋습니다.

세 자리 수 덧셈과 뺄셈은 3학년 과정에서 배웁니다. 받아올림이 없는 세 자리 수끼리의 덧셈을 먼저 익히고, 그다음은 받아올림이 한 번 있는 세 자리 수끼리의 덧셈, 마지막으로 받아올림이 두 번 또는 세 번 있는 세 자리 수끼리의 덧셈 순서로 학습하게 됩니다.

뺄셈의 경우도 마찬가지입니다. 받아내림이 없는 세 자리 수끼리의 뺄셈을 먼저 익히고, 그다음 받아내림이 한 번 있는 세 자리 수끼리의 뺄셈, 마지막으로 받아내림이 두 번 있는 세 자리 수끼리의 뺄셈을 순서대로 배웁니다.

이러한 내용들은 모두 2학년 때 배운 받아올림이 있는 두 자리 수의 덧셈과 받아내림이 있는 뺄셈의 연장선상에 있습니다. 그래서

2학년 때 관련 단원에서 별다른 어려움을 겪지 않았던 학생들은 대부분 단순한 계산 실수를 반복하는 경우를 제외하고는 3학년이 되어서도 학습에 크게 무리를 느끼지 않습니다.

그러나 2학년 과정을 잘해왔던 아이들이라도 자리 수가 늘어나면서 계산에 혼란을 겪는 경우가 있습니다. 그런 아이들을 위해서는 다음에 제시하는 방법이 도움이 될 것입니다.

해결 방법: '수 모형' '어림하기' '다양한 검산 방식'을 활용해보기

받아올림이나 받아내림이 있는 두 자리 수 또는 세 자리 수의 덧셈과 뺄셈에 서툰 학생들을 위한 지도 방법 세 가지를 소개하겠습니다.

첫 번째는 '수 모형을 이용'하는 방법입니다. 이는 교과서에서도 사용되고 있는 방법입니다. 수 모형을 이용하면 추상화된 수가 아닌, 시각화된 그림 또는 사물을 통해 양적인 추가와 감소를 보다 쉽게 이해할 수 있습니다. 아이가 아직 수를 추상적으로 이해하기 힘들어한다면 이런 시각적인 도구들을 활용해 천천히 적응시켜 나가는 것이 좋습니다.

두 번째 방법은 '어림하기'입니다. 말 그대로 정확하게 계산하지 않고, 대강 짐작하여 결과를 헤아리는 것이지요. 일의 자리 수를 반올림하여 비교적 계산이 쉬운 수로 바꾸어 결과를 어림해본 다음

그림 1_ 수 모형과 교구를 활용한 코칭 예시

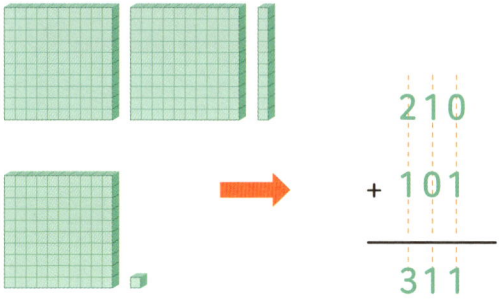

자신이 실제로 한 계산과 비교해보는 방법입니다. 만일 어림한 결과가 자신의 실제 계산 결과와 비슷하지 않고, 터무니없이 크게 혹은 작게 나온다면 계산 과정에서 잘못이 있었다는 사실을 알 수 있습니다.

예를 들어 128+291을 130+290으로 어림하면 420입니다. 일의 자리에서 어림했으므로 실제 계산의 답은 420에서 ±10 내외로 나와야 맞습니다. 그런데 만일 실제 계산에서 329 같은 엉뚱한 결과가 나왔다면 계산 과정에서 실수를 했다는 뜻이 되겠지요. 그렇다면 계산 과정을 다시 살펴보고 잘못된 곳을 찾아 바로잡아야 합니다.

어떤 문제를 해결하기 위한 일련의 절차나 방법을 '알고리즘'이라고 하지요. 다른 분야도 마찬가지겠지만 수학에서는 특히 문제 해결 과정의 알고리즘에 대한 정확한 이해가 필수입니다. 더구나 연산은 수학에서 요구되는 가장 기초적인 능력인 만큼, 연산에 대한 알고리즘을 정확히 이해하고 있어야 이를 바탕으로 더 복잡한 수학적 알고리즘을 학습할 수 있습니다.

따라서 수를 이용한 추상화 단계의 학습에 어려움을 겪는 학생들은 무조건 세 자리 수의 덧셈과 뺄셈을 기계적으로 반복하며 요령을 늘리려 하기보다, 수 모형이나 어림셈을 이용하여 연산의 알고리즘부터 확실하게 이해하는 편이 좋습니다.

세 번째 방법은 '다양한 방식으로 검산하기'입니다. 세 자리 수의 덧셈과 뺄셈에서 가장 보편적인 계산 방법은 그림 2와 같이 받아올림이나 받아내림을 이용한 방법입니다.

그러나 덧셈 방법이 한 가지만 있는 것은 아닙니다. 예를 들어 그림 2와 같이 받아올림을 계산식 위에 작게 쓰는 대신, 그림 3처럼 아래에 쓰는 방법도 있습니다.

또 3학년 아이들은 연산을 할 때 받아올림한 수를 빠뜨리거나 계산 도중 수의 자리를 혼동하는 실수를 하는 경우가 많습니다. 그런 실수가 잦은 아이들에게는 중간 계산식을 아래에 쓰는 계산법을 쓰게 하는 것이 좋습니다. 그림 4처럼 계산하면 받아올림에 신경 쓰지 않고 자신이 어느 부분의 계산을 어떻게 했는지 한눈에 알 수 있습니다. 이 방법은 뺄셈에도 적용이 가능합니다.

또 비슷한 실수를 반복하는 아이들은 그림 4에서처럼 식 옆에 계산 과정을 함께 써보는 것도 도움이 됩니다. 이 과정을 들여다보면

그림 2_ 받아올림을 이용한 세 자리 수의 덧셈 1

```
    1 1
    3 7 9
+   4 5 5
  -------
    8 3 4
```

그림 3_ 받아올림을 이용한 세 자리 수의 덧셈 2

```
    3 7 9
+   4 5 5
  -------
      1 4
    1 2 0
    7 0 0
  -------
    8 3 4
```

그림 4_ 중간 계산식을 아래에 쓰는 세 자리 수의 뺄셈

```
      7 2 3
  -   4 5 4
    ---------
  2 ̶3 0 0     700-400
      6 ̶7 0     120-50
          9     13-4
    ---------
      2 6 9
```

그림 5_ 덧셈과 뺄셈의 여러 가지 방식

<표 II-3> 덧셈의 여러 가지 방법

덧셈식	교과서			지도서	
	교a1	교a2	교a3	지a1	지a2
57+28	57에 28의 20을 먼저 더한 후 그 결과에 8을 더하는 방법 57+28 =57+20+8 =77+8 =85	50과 20을 먼저 더하고 7과 8을 더한 후 두 합을 더하는 방법 57+28 =50+7+20+8 =50+20+7+8 =70+15 =85	57에 3을 먼저 더하여 60을 만든 후 25를 더하는 방법 57+28 =57+3+25 =60+25 =85	28을 30으로 만들기 위해 57을 55와 2로 가른 후 2와 28을 먼저 더하는 방법 57+28 =55+2+28 =55+30 =85	57을 60으로 만들어 28과 더한 후 그 결과에서 3을 빼는 방법 57+28 =60-3+28 =60+28-3 =88-3 =85

<표 II-4> 뺄셈의 여러 가지 방법

뺄셈식	교과서			지도서	
	교s1	교s2	교s3	지s1	지s2
53-36	53에서 30을 먼저 뺀 후, 그 결과에서 6을 빼는 방법 53-36 =53-30-6 =23-6 =17	53에서 6을 먼저 뺀 후, 그 결과에서 30을 빼는 방법 53-36 =53-6-30 =47-30 =17	53에서 3을 먼저 빼고 33을 빼는 방법 53-36 =53-3-33 =50-33 =17	53을 50과 3으로 가른 후 먼저 50에서 36을 빼고 그 결과에 3을 더하는 방법 53-36 =50+3-36 =50-36+3 =14+3 =17	60에서 36을 뺀 후 그 결과에서 7을 빼는 방법 53-36 =60-7-36 =60-36-7 =24-7 =17

출처: 장혜원, 〈덧셈과 뺄셈의 대안적 계산방법 지도에 대한 연구〉, 대한수학교육학회, 수학교육학연구, 2014.

부모도 아이가 어디에서 실수를 하는지, 덧셈이나 뺄셈의 방법을 잘못 알고 있는 것은 아닌지 등을 확인해볼 수 있습니다.

이 외에도 덧셈과 뺄셈에는 다양한 방식이 있습니다(그림 5). 다양한 방식을 활용해 검사하는 것은 연산 개념을 키우는 데 큰 도움이 됩니다.

연산 개념 체크 ❷
곱셈 상황을 잘 이해하지 못하는 경우

곱셈에 문제가 생기는 시기는 보통 2학년부터 3학년 사이입니다. 만약 이 시기가 지났다면 지금이라도 아이의 연산 학년을 찾고, 그에 맞추어 도움을 주어야 합니다.

2학년 때는 한 자리 수끼리의 곱셈만 배웁니다. 그러니 2학년 때 곱셈을 어려워하는 이유는 한 가지뿐입니다. 구구단을 제대로 외우지 못했기 때문이지요. 이 문제는 반복적인 연습을 통해 구구단을 확실하게 외우도록 하는 것밖에는 다른 방법이 없습니다.

그런데 3학년이 되면 1학기 때는 (두 자리 수)×(한 자리 수)를 익히고, 2학기 때는 (세 자리 수)×(한 자리 수), (두 자리 수)×(두 자리 수) 등 복잡한 곱셈을 다루게 됩니다. 4학년 때 (세 자리 수)×(두 자리 수)의 곱셈을 익히게 되지만, 수의 크기만 커질 뿐 기본적으로는 3학년 때 배운 곱셈의 연장입니다. 따라서 3학년 시기에 곱셈을 제대로 배우는 것이 매우 중요합니다.

구구단을 잘 외웠음에도 곱셈을 힘들어하는 아이들을 보면, 대개 두 가지 이유 때문입니다. 첫째, 곱셈의 알고리즘을 이해하지 못한 경우로, 즉 곱셈 방법을 제대로 모른다는 것이지요. 둘째, 곱셈 상황을 이해하지 못한 경우입니다. 초등학교 2학년 수학 지도서를 살펴보면, 초등 교과과정에서는 곱셈 상황을 여섯 가지로 정형화해 가르칩니다. 이를 정리한 것이 표 1입니다.

표 1_ 초등 수학의 정형화된 곱셈 상황

구분	내용	예시
묶음 상황	가장 처음으로 배우는 기본 곱셈 방법.	연필이 5개씩 4묶음 있습니다. 연필은 모두 몇 자루인가요?
배열 상황	묶음 상황의 유형으로, 곱셈을 형식화해서 설명할 때 사용하는 방법.	바둑돌이 아래와 같이 놓여 있습니다. 바둑돌은 모두 몇 개인가요?
넓이 상황	EIS 이론의 영상적 단계, 그림을 그리며 눈으로 확인하게 하는 방법. 배열 상황을 양적인 개념으로 변환하여 넓이 등을 설명할 때 많이 사용한다.	작은 사각형 한 칸의 넓이가 $1cm^2$일 때, 큰 사각형의 넓이는 얼마일까요?
비교(배) 상황	곱셈 상황을 일상적인 상황과 연결시켜 생각하는 방법.	지현이는 사과를 2개 가지고 있고, 준승이는 지현이가 가지고 있는 사과의 3배를 가지고 있습니다. 준승이가 가지고 있는 사과는 모두 몇 개일까요?
비율 상황	두 항목을 비교하는 비율의 개념을 담고 있는 상황.	한 개에 400원 하는 지우개가 있습니다. 이 지우개 3개의 값은 얼마입니까?
조합 상황	경우의 수를 구하는 상황.	서울에서 대전으로 가는 방법은 3가지, 대전에서 부산으로 가는 방법은 5가지입니다. 그렇다면 서울에서 대전을 거쳐 부산으로 가는 방법은 몇 가지가 있을까요?

해결 방법: 곱셈 상황을 이해하고, 교과서로 곱셈 기초 다지기

곱셈 상황에 대한 이해가 부족해 곱셈 문제를 자주 틀리거나 실수를 하는 아이들은 표 1에서 제시한 여섯 가지의 곱셈 상황을 다시 한 번 차근차근 익히고, 다양한 문제들을 통해 이 상황들에 대한 적응력을 높이면 어렵지 않게 문제를 해결할 수 있습니다.

그러나 곱셈 방법을 제대로 몰라서 실수하는 아이의 경우는 곱셈 상황을 이해하지 못하는 경우보다 문제가 조금 더 심각합니다. 아이들이 곱셈에서 실수를 하는 유형은 다양합니다. 자릿값을 무시하고 계산을 하거나, 자릿값을 정확한 위치에 적지 않고 계산을 하기도 하고, 올림을 계산하지 않는 경우도 있습니다. 심지어 덤벙대다 숫자를 잘못 보는 일도 종종 있습니다(그림 6).

이런 아이들이 가장 먼저 다시 보아야 할 것은 바로 교과서입니다. 교과서는 아이들이 가장 쉽게 이해할 수 있는 방식으로 수학을 설명하고자 한다는 것을 잊어서는 안 됩니다. 교과서에서는 곱셈의 과정을 그림 7과 같이 수 모형과 모눈종이를 이용해 설명하고 있습니다. 모눈종이를 이용하면 넓이를 눈으로 확인할 수 있어 곱셈을 이해하는 데 도움이 될 수 있습니다.

수를 이해시키는 가장 쉬운 방법은 수 모형을 이용해 조작 활동을 하는 것입니다. 하지만 수의 크기가 클 경우에는 수 모형을 이용하기가 어렵습니다. 이럴 때는 그림 7처럼 영상적 단계의 활동으로 넘어가서 수 모형을 직접 그리거나 모눈종이를 이용해 알고리즘을 이해시키는 것이 좋습니다.

기본적으로 곱셈에 대한 이해도가 나쁜 편이 아닌데도 계산 실수가 잦은 아이의 경우에는 다양한 방법으로 곱셈을 해결해보는 것도 도움이 됩니다. 연산을 꼭 틀에 박힌 방법으로 할 필요는 없습니다. 덧셈과 뺄셈의 경우와 마찬가지로 곱셈도 정형화된 방법 외에 다른 풀이법을 적용해볼 수 있습니다.

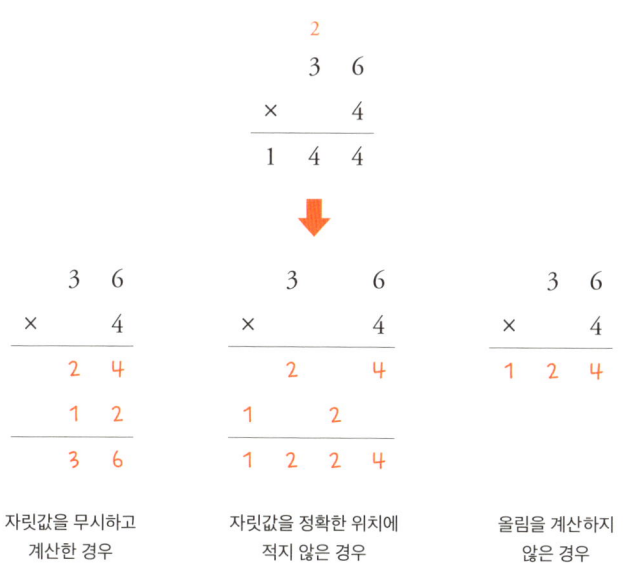

그림 6_ 곱셈의 다양한 오답 유형

그림 7_ 수 모형 등을 이용한 교과서 속 곱셈 설명

36×4를 어떻게 계산하는지 알아봅시다.

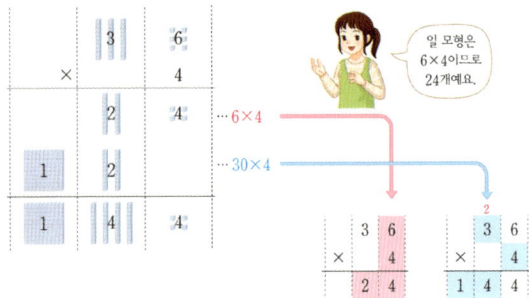

231×3을 어떻게 계산하는지 알아봅시다.

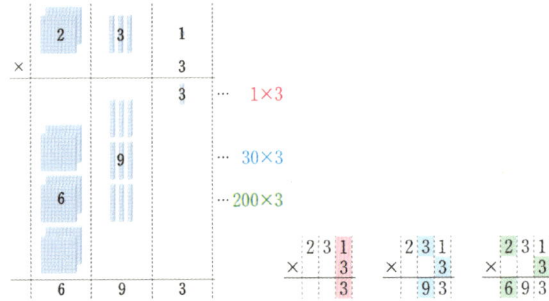

모눈종이로 알아봅시다.
- 색깔별 모눈의 수를 각각 곱셈식으로 나타내어 보세요.

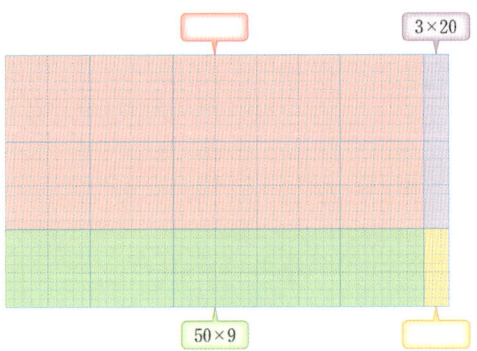

그림 8_ 다양한 곱셈 방법

```
      3  2                           7  2
  ×      4                       ×   2  8
  ─────────                      ─────────
         8   ---- 2×4=8                1  6   ---- 2×8=16
   1  2  0   ---- 30×4=120       5  6  0     ---- 70×8=560
  ─────────                         4  0     ---- 2×20=40
   1  2  8                    1  4  0  0     ---- 70×20=1400
                              ─────────────
                              2  0  1  6
```

    그림 8과 같이 다양하게 곱셈을 해결해보고 그 방식을 설명하는 과정은 곱셈의 알고리즘을 완전히 자신의 것으로 체화하는 데 큰 도움이 됩니다. 이러한 방법은 특히 두 자리 수 이상의 곱셈을 익힐 때 매우 유용합니다.

연산 개념 체크 ❸
나눗셈 상황을 잘 이해하지 못하는 경우

　나눗셈은 3학년에서 처음 배우는 연산으로, 기초 원리부터 제대로 익혀야 합니다. 나눗셈의 원리를 제대로 이해하지 못한 채로 나눗셈 방법만 익혀 기계적으로 계산을 하다 보면 계산이 복잡해졌을 때 혼란을 느끼게 됩니다. 연산 중 나눗셈이 가장 어렵다고 하는 아이들이 대부분 그런 경우입니다.

　나눗셈에서 제일 중요한 것은 나눗셈의 '상황'을 파악하는 일입니다. 나눗셈은 다른 연산과 달리 상황에 따라 답이 달라질 수 있기 때문입니다. 예를 들어, '5명이 2곳의 장소에 똑같이 나누어서 가야 합니다. 한 장소에 몇 명씩 갈 수 있을까요?'라는 문제를 생각해보겠습니다. 이 문제를 해결하기 위해 5÷2라는 연산식을 세우는 것까지는 어렵지 않습니다. 몫이 2고 나머지가 1이라는 계산까지 잘 마쳤습니다. 그러면 대답은 어떻게 해야 할까요?

　문제에서 요구한 조건은 '똑같이 나누어서' 가야 한다는 것이었습니다. 그런데 1명이 남으면 똑같이 나누어서 가는 게 아니지요. 그렇다고 1명을 나누어 2군데로 가게 할 수도 없습니다. 그러니 '똑같이 나누어서 갈 수 없다'고 대답하는 것이 맞습니다. 혹은 '한 곳에 2명씩 나누어 가고 1명이 남아야 해요'라고 대답할 수도 있겠지요. 이와 같이 나눗셈은 계산도 중요하지만 상황에 맞게 대답을 하는 것이 중요합니다.

표 2_ 초등 수학의 나눗셈 상황

구분	내용	예시
분배 상황 (등분)	나눗셈의 가장 일반적인 상황. 어떤 것을 똑같이 나눌 때, 나뉘지는 양이 얼마인지를 구하는 문제.	사과 520개를 4상자에 나누어 담으면 한 상자에는 몇 개가 들어갈까요?
누감 상황 (포함제)	전체에서 부분을 뺄셈하는 방식으로 이해해야 하는 문제. 보기에 따라 아이들이 이해하기에 더 쉬운 상황일 수 있음.	사과 12개를 4개씩 포장해서 상자에 넣으려고 합니다. 상자는 몇 개가 필요합니까?

초등학교 3학년 수학 교사용 지도서를 살펴보면, 초등 교과과정에서 나눗셈의 상황은 일단 무엇인가를 나누어야 한다는 전제하에, 이것을 어떻게 해결할 것인지에 따라 '분배 상황'과 '누감 상황'으로 나뉩니다. 이를 표로 정리하면 표 2와 같습니다.

해결 방법 ①: 나눗셈 상황을 인지하기

첫째, 상황을 이해시켜야 합니다. 앞에서 강조한 것처럼 나눗셈은 상황에 따라 답이 달라질 수 있기 때문에, 어떤 상황에서 이루어지는가를 이해하는 것이 다른 연산보다 훨씬 중요합니다. 그런데 아이들은 나눗셈의 상황은 제대로 고려하지 않고 분배 상황이든 누감 상황이든 일단 나눗셈을 세로로 풀기부터 하려는 경향이 있습니다. 하지만 같은 문제라 할지라도 상황을 어떻게 보느냐에 따라 세로셈을 이해하는 방법이 달라집니다. 다음은 '사과 520개를 4상자에 나누어 담으면 한 상자에는 몇 개가 들어갈까요?'에 대한 세로셈입니다.

```
      1                1 3              1 3 0
   ┌─────            ┌─────           ┌─────
 4 ) 5 2 0    →    4 ) 5 2 0    →   4 ) 5 2 0
     4                4                4
    ───               ───              ───
                      1 2              1 2
                      1 2              1 2
                      ───              ───
                        0                0
```

 이 문제를 분배 상황이라고 이해하면, 세로셈을 백의 자리부터 차근차근 나누는 과정이라고 보면 됩니다.
 보통 큰 수부터 나누는 것이 편하게 때문에 높은 자리부터 계산을 시작합니다. 먼저 500개를 100개씩 묶어서 4개의 상자에 나누어 담고 나면, 400개가 담기고 100개가 남습니다. 남은 100개와 나머지 20개를 더한 120개를, 다시 4개의 상자에 나누어 담으면 한 상자에 30개씩 담기게 됩니다. 그러면 한 상자에 총 130개의 사과가 담긴다는 것을 알 수 있습니다.

 그런데 이 문제를 누감 상황으로 받아들이면 아이들은 난감해집니다. 도대체 520에서 4를 몇 번이나 빼야 하는지 감을 잡기가 힘드니까요. 이럴 때는 세로셈을 이렇게 이해할 수 있습니다.

520에서 4를 1번씩 빼려고 하면 너무 여러 번 빼야 한다. → 그래서 1번에 100개씩 뺀다. → 즉 400을 빼고 나면 120이 남는다. → 이번에는 4를 10개씩 3번 뺀다. → 120에서 40씩 3번을 빼면 0이 된다(120-40-40-40=0). → 처음에 100개, 다음에 10개씩 3번을 뺀 셈이다.

520개의 사과를 4상자에 나누어 담으면, 한 상자마다 사과 130개가 들어가게 된다는 것을 알 수 있게 됩니다. 이 과정이 바로 덧셈, 뺄셈, 곱셈의 계산법과 나눗셈의 계산 방식이 다른 이유를 알려주게 됩니다. 다른 계산들은 모두 일의 자리부터 계산하는데, 왜 나눗셈은 높은 자리 수부터 계산하는지, 즉 나눗셈에서는 큰 것부터 나누는 것이 더 편리하다란 깨달음을 얻게 해줍니다.

그냥 세로셈을 하면 되지 왜 이렇게까지 복잡하게 나눗셈의 상황을 이해해야 하나 의문이 들 수도 있을 것입니다. 그러나 처음부터 이러한 개념을 잘 잡아두어야 앞으로 배울 분수와 소수의 나눗셈을 쉽게 이해할 수 있습니다.

예를 들어 $1 \div \frac{1}{2}$이 왜 2가 되는지 이해하기 어려워하는 아이들에게 도움이 되는 것이 바로 누감 상황입니다. $1 \div \frac{1}{2}$는 어렵지만 누감 상황을 이해하고 있다면 '1kg의 고기를 $\frac{1}{2}$kg씩 나눠주면 모두 몇 명에게 나눠줄 수 있을까?'라는 물음에 어렵지 않게 '2명'이라고 대답할 수 있을 것입니다. 나눗셈을 하면 무조건 원래의 값보다 작은 몫이 나오게 된다는 고정 관념에서 벗어날 수 있으려면 상황에 맞게 나눗셈을 이해하는 것이 중요합니다.

해결 방법 ②: 나눗셈 결과를 어림해보기

나눗셈 계산을 가르치다 보면, 종종 예상치 못한 엉뚱한 오답을 내는 아이들이 있어 어디서부터 설명을 해주어야 할지 난감할 때가 많습니다. 그래도 그림 9와 같은 실수는 그나마 상황을 파악할 수 있는 경우입니다.

(가)와 같이 자릿값 개념이 불완전해서 실수를 하는 경우에는 먼저 어림하는 습관을 길러주는 것이 좋습니다. 60개를 2명이 나눠

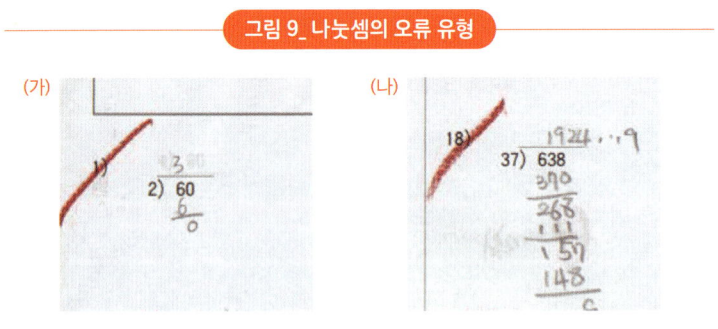

그림 9_ 나눗셈의 오류 유형

출처: 김민정, 〈자연수 나눗셈 오류 유형 진단 및 교정〉, 경인교육대학교 석사 논문, 2004.

가지려면 한 사람이 대충 몇 개씩 가지면 될지, 먼저 어림해본 다음 실제 계산해서 나온 답과 비교해보는 것이지요. 어림한 결과가 계산 결과와 너무 큰 차이가 나면 스스로 계산 과정을 돌아보게 하는 것입니다.

(나)의 경우, 이 문제를 푼 학생은 37×9=333을 계산할 정도니까 기본적인 연산 실력은 갖추었다고 볼 수 있습니다. 그런데 이런 아이들도 큰 수의 나눗셈을 할 때 계산을 끝까지 하지 않고 이렇게 중간에서 끝내버리는 경우가 종종 있습니다. 이런 실수를 자주 하는 아이들에게도 어림하는 습관이 도움이 됩니다. 37을 10배하면 370인데, 370이 638보다 큰지 작은지를 비교해보면 자신이 어떤 실수를 했는지 금방 깨달을 수 있습니다. 큰 수의 어림은 10배, 5배처럼 간단한 계산을 활용하면 됩니다.

혹시 아이가 나눗셈을 습관적으로 틀린다면, 나눗셈의 개념을 처음부터 다시 정확하게 이해할 필요가 있습니다. 개념을 다시 익히는 데는 교과서가 가장 좋습니다.

그림 10은 초등학교 3학년 교과서로, 바둑돌을 이용해 누감 상황을 설명하고 있습니다. 집에서는 실제 바둑돌이나 젓가락 등을 이용해서 조작을 통해 나눗셈을 익히도록 도와줄 수 있겠지요.

문제에서는 나눗셈을 같은 수를 빼는 방법으로 설명하고 있는데, 뛰어 세기로 8÷2를 설명할 수도 있습니다. 2씩 뛰니까 2, 4, 6, 8로 4번 만에 8이 나왔으므로 8÷2=4가 된다고 이해할 수 있습니다.

그림 10_ 바둑돌을 이용한 나눗셈의 누감 상황(수학 3-1 〈나눗셈〉)

바둑돌 8개를 2개씩 덜어 내면 몇 번 덜어 낼 수 있는지 알아봅시다.

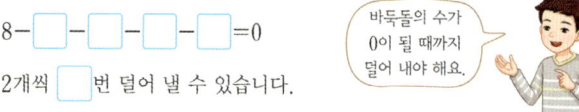

- 2개씩 덜어 내어 보고 몇 번 덜어 낼 수 있는지 말해 보세요.

- 2개씩 몇 번 덜어 낼 수 있는지 뺄셈으로 나타내어 보세요.

  8−☐−☐−☐−☐=0

  2개씩 ☐번 덜어 낼 수 있습니다.

  바둑돌의 수가 0이 될 때까지 덜어 내야 해요.

  8에서 2씩 4번 빼면 0이 됩니다. 이것을 나눗셈식으로 나타내면 $8 \div 2 = 4$ 입니다.

  $8-2-2-2-2=0 \Rightarrow 8 \div 2 = 4$

해결 방법 ③: 곱셈을 이용해 나눗셈 결과 검산하기

나눗셈 계산을 할 때 실수를 하지 않는 가장 좋은 방법은 곱셈을 이용해 계산 결과를 확인, 검산하는 습관을 기르는 것입니다.

곱셈과 나눗셈의 관계 역시 3학년 1학기에 배웁니다. 그림 11의 (가)와 같이 배열 모형을 통해 곱셈과 나눗셈의 관계에 대해 생각해 보도록 한 다음, (나)와 같이 형식화를 시키게 되지요. 이를 이용해 나눗셈 후에 항상 곱셈으로 검산하는 습관을 기르면 나눗셈에서의 계산 실수를 줄일 수 있습니다.

그림 11_ 곱셈과 나눗셈의 관계(수학 3-1 〈나눗셈〉)

(가) 바둑돌 15개를 곱셈식과 나눗셈식으로 나타내어 봅시다.

- 바둑돌의 수를 곱셈식으로 나타내고, 그렇게 나타낸 이유를 말해 보세요.

    $5 \times \boxed{} = 15$ $3 \times \boxed{} = 15$

- 바둑돌을 묶는 방법을 다르게 하여 나눗셈식으로 나타내고, 그렇게 나타낸 이유를 말해 보세요.

    $15 \div 5 = \boxed{}$ $15 \div 3 = \boxed{}$

- 곱셈과 나눗셈의 관계를 말해 보세요.

(나) • 나눗셈의 몫을 곱셈식으로 구하는 방법을 말해 보세요.

> $15 \div 3 = \boxed{}$ 의 몫 $\boxed{}$ 는 $3 \times 5 = 15$를 이용해 구할 수 있습니다.
>
> $3 \times 5 = 15$
>
> $15 \div 3 = \boxed{}$

그런데 그림 12를 보면, 3학년 2학기에 배우는 '나머지가 있는 나눗셈'에서도 곱셈을 이용한 검산을 설명합니다. 즉 3학년 과정의 나눗셈에서 곱셈을 이용한 검산은 단순히 계산 실수를 줄이기 위해 필요한 것이 아니라 그 자체로도 매우 중요하다는 뜻입니다.

그림 12_ 나머지가 있는 나눗셈(수학 3-2 〈나눗셈〉)

$$16 \div 5 = 3 \cdots 1$$

$$5 \times 3 = 15 \Rightarrow 15 + 1 = 16$$

나누는 수와 몫의 곱에 나머지를 더하면 나누어지는 수가 되어야 합니다.

3학년 2학기에서는 나머지가 있는 나눗셈과 두 자리 수, 세 자리 수를 한 자리 수로 나누는 방법을 배웁니다. 나머지가 있는 나눗셈은 대부분 누감 상황의 나눗셈이기 때문에 문제에서 주어진 상황을 이해하는 것이 매우 중요합니다.

예를 들어, '17장의 카드를 5장씩 나누어 주려고 합니다. 몇 명에서 나누어 줄 수 있을까요?'라는 문제는 17-5-5-5=2이므로 카드를 3명에게 나눠주고 2장이 남는다는 것을 어렵지 않게 알 수 있습니다. 그런데 이렇게 나머지가 있는 것보다 큰 수를 나누는 것에 더 부담감을 느끼는 아이들이 많습니다. 이럴 때는 수 모형을 활용하는 것이 좋습니다.

그림 13처럼 수 모형을 이용해 실제로 수를 나누어보는 활동을 하면서 세로셈과 연결해 생각하게 하면, 아이들이 나눗셈을 이해하는 데 큰 도움이 됩니다. 나머지가 있는 나눗셈을 할 때도 수 모형을 유용하게 활용할 수 있습니다. 집에 수 모형이 없을 경우에는 그림을 그려서 이용해도 좋습니다.

> **그림 13_ 수 모형을 이용한 나눗셈 활동(수학 3-2 〈나눗셈〉)**

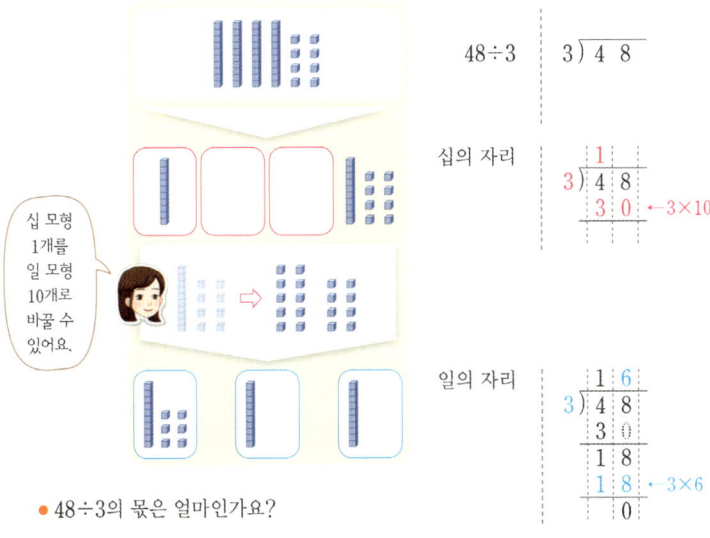

3학년 과정에서는 나눗셈을 1학기와 2학기에 두 번 배웁니다. 나눗셈은 분수와 더불어 3학년 과정에서 아이들을 가장 힘들게 하는 양대 산맥이라고 할 수 있습니다. 물론 다른 영역도 어려울 수 있겠지만 3, 4학년 과정에서 특히 연산은 비중도 커지고 난이도도 높아져 아이들이 수학을 멀리하게 만드는 주범 역할을 하고 있으니 주의를 기울여야 합니다.

• 핵심 정리 •

02. 연산 영역

🌟 **코칭 포인트**

연산을 어려워한다면, 내 아이의 연산 학년을 찾아 해당 학년의 내용부터 차근차근 다시 익혀야 한다.

🌟🌟 **꼭 알아야 할 개념 & 문제 해결 방법**

연산 개념 ① 세 자리 수 덧셈과 뺄셈을 못하는 경우
해결 방법 - 수 모형 이용하기.
　　　　　- 어림하기.
　　　　　- 다양한 검산 방식 활용하기.

연산 개념 ② 곱셈 상황을 잘 이해하지 못하는 경우
해결 방법 - 곱셈 상황 이해하기.
　　　　　- 교과서로 곱셈의 기초 다시 익히기.

연산 개념 ③ 나눗셈 상황을 잘 이해하지 못하는 경우
해결 방법 - 나눗셈 상황이 분배 상황인지 누감 상황인지 이해하기.
　　　　　- 나눗셈 결과를 어림해보기.
　　　　　- 곱셈을 이용해 나눗셈 결과 검산하기.

03. 도형 영역

학습 단계

1~2학년		3~4학년	
1-1	2단원 〈여러 가지 모양〉	3-1	2단원 〈평면도형〉
1-2	3단원 〈여러 가지 모양〉	3-2	3단원 〈원〉
2-1	2단원 〈여러 가지 도형〉	4-1	4단원 〈평면도형의 이동〉
2-2		4-2	2단원 〈삼각형〉 4단원 〈사각형〉 6단원 〈다각형〉

2015 개정 교육과정 초등 1~4학년별 도형 단원

    1, 2학년 때는 세모, 네모, 동그라미 등 쉬운 일상의 용어들로 도형 이름을 배우다가 3학년 이후부터는 본격적으로 수학적인 용어들을 배우게 됩니다. 그래서 3학년부터는 '도형의 약속'과 '위계적 특성' '도형의 이해'가 도형 학습의 핵심이 됩니다. 예를 들어 '선분은 두 점을 곧게 이은 선'이라는 약속, '각은 한 점에서 그은 두 반직선으로 이루어진 도형'이라는 약속, '직각삼각형은 한 각이 직각

인 삼각형'이라는 약속 등입니다. 중학교에 가면 초등학교에서 배운 이 '약속'들을 '정의'라는 말로 대신하게 되겠지요.

도형 개념 체크 ❶
도형의 '약속'들을 잘 기억하지 못하는 경우

초등학교에 입학해서 가장 먼저 배우게 되는 도형은 입체도형입니다. 왜냐하면 우리가 실생활에서 접하는 대부분의 사물이 입체이기 때문입니다. 1, 2학년의 도형 학습은 도형과 친숙해지는 데 중점을 두는 기간으로 세모, 네모, 동그라미와 같이 일상생활에서 쓰이는 쉬운 말들로 배우며, 3학년부터 점차적으로 원, 삼각형, 사각형 같은 도형 이름과 변, 꼭지점 같은 도형 용어들을 배우게 됩니다.

1, 2학년 때는 도형을 직접 만들어보거나 혹은 눈으로 보이는 도형의 특징들을 익히는 수준으로 수업이 진행되기 때문에 아이들도 크게 어려워하지 않습니다. 하지만 3학년부터는 본격적으로 수학적인 용어들과 약속들을 배우는데, 특히 이 약속들을 정확하게 숙지하고 있지 않으면 도형 학습에 어려움을 겪게 됩니다. 한마디로 도형 영역에서는 외워야 하는 것들을 확실히 외우는 것이 매우 중요합니다. 이것이 도형 학습의 기본입니다.

앞서 2장에서 다각형을 설명하면서도 언급했지만, 수학에서 하는 약속들은 우리가 통상적으로 생각할 수 있는 것과는 약간 다르게 정의될 수 있습니다.

예를 들면, 3학년 1학기에 배우는 정사각형의 약속을 '네 변의 길이가 모두 같은 사각형'이라고 해서는 안 됩니다. 왜냐하면 4학년 2학기 때는 네 변의 길이가 모두 같은 사각형인 마름모를 배우니까요. 그래서 정사각형은 '네 각이 모두 직각이고 네 변의 길이가 모두 같은 사각형'이라고 약속해야 합니다.

그렇다면 이렇게 배운 아이가 4학년 1학기 때 배우는 정삼각형의 약속을 어떻게 할까요?

똑똑한 아이라면 정사각형을 떠올리며 '세 각의 크기가 모두 같고 세 변의 길이가 모두 같은 삼각형'이라고 정의할 수도 있겠지요. 하지만 정삼각형의 정확한 정의는 '세 변의 길이가 모두 같은 삼각형'입니다. 정삼각형은 그 성질 때문에 세 변의 길이가 모두 같으면 자연스럽게 세 각의 크기도 모두 같게 되기 때문입니다. 이렇다 보니 약속을 정확하게 외우지 않으면 약속과 성질이 헷갈릴 수도 있는 것입니다.

약속이 헷갈리는 문제 중 대표적인 것이 4학년 2학기 때 배우는 사다리꼴과 평행사변형입니다. 사다리꼴의 약속은 '평행한 변이 한 쌍이라도 있는 사각형'이고 평행사변형의 약속은 '마주보는 두 쌍의 변이 서로 평행한 사각형'입니다.

사다리꼴의 약속을 보면 '한 쌍이라도'라고 언급하고 있습니다.

즉 한 쌍, 두 쌍을 모두 포함하고 있습니다. 아이들은 이런 말에 혼동을 일으킵니다. 차라리 '한 쌍 또는 두 쌍'이라고 하면 더 이해하기 편했을 수도 있을 것입니다.

반면에 평행사변형은 '마주보는 두 쌍'이라고 딱 못 박아 설명하고 있습니다. 이렇게 약속하는 말들의 미묘한 차이를 정확하게 이해해야 도형에 대해 정확하게 설명할 수 있기 때문에, 이 부분을 부모가 놓치지 말아야 합니다. 즉 약속은 정확하게 이해하고 외워야 하는 것입니다.

이처럼 도형에서는 수학에서 정한 약속, 즉 정의를 정확하게 외우고 있지 않으면 자신이 오답을 냈다는 걸 알고 나서도 그 답이 왜 오답인지조차 모르는 경우가 생기게 됩니다.

수학에서의 약속은 정확하고 분명합니다. 도형에서 정한 약속들도 마찬가지입니다. 이런 약속들을 마치 구구단을 외듯 확실하게 기억하고 있어야 합니다. 더구나 요즘 도형 관련 문제의 출제 경향은 이런 약속들을 얼마나 잘 알고 있는가를 묻는 방향으로 흐르고 있습니다. 4학년 교과서에 실린 문제를 예로 들어 보겠습니다.

그림 1에서 문제의 정답이 '다'라는 것을 찾아내는 것은 어렵지 않습니다. 하지만 그 이유를 묻는 질문에는 만족스럽게 답하지 못하는 학생들이 많습니다. '곡선이라서' '동그랗기 때문에' '원이기 때문에' 같은 두루뭉술한 오답들이 적지 않습니다. 채점 기준에

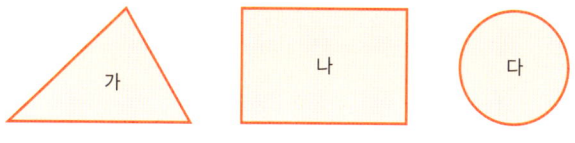

그림 1_ 약속을 묻는 도형 문제(수학 4-2 〈다각형〉)

도형 중 다각형이 아닌 것의 기호를 쓰고, 그 이유를 써 보세요.

여유를 둔다면 이런 답들에도 점수를 줄 수는 있습니다.

하지만 이를 정답이라고 할 수는 없습니다. 다각형은 '선분으로 둘러싸인 도형'이라 정하기로 약속했기 때문입니다. 이때 선분은 '두 점을 곧게 이은 선'으로 정하기로 약속했지요. 그렇다면 정답은 '원은 선분으로 둘러싸인 도형이 아니기 때문에 다각형이라고 할 수 없는 것'이어야 합니다. 이렇듯 도형에 대한 질문에 정확한 답을 하려면 도형에 대한 각종 약속들을 제대로 이해하고, 확실하게 기억하는 것이 중요합니다.

초등 수학에서 배운 내용들은 중학교, 고등학교 과정에서 더욱 심화된 내용으로 이어집니다. 다각형도 마찬가지인데, 초등학교에서는 다각형을 '선분으로 둘러싸인 도형'이라고만 배웠지만 중학교 과정에서는 이를 '3개 이상의 선분으로 둘러싸인 평면도형'이라고 좀 더 자세하게 배우게 됩니다. 기본적으로는 초등학교에서 배운 약속과 크게 다르지 않습니다. 즉 초등학교 과정에서 도형에 대한 기초를 제대로 다져두지 않으면 중학교 수학에서도 어려움을 겪을 수 있다는 뜻입니다. 그러니 나중을 위해서라도 도형에 대한 약속을 정확하고 꼼꼼하게 외워두는 것이 좋습니다.

해결 방법: 도형을 종류별로 분류하고, 그 이유를 생각하기

도형에 대한 약속들을 기억하는 것이 어렵다면, 여러 가지 도형들을 종류별로 나누어보면서 왜 그렇게 나누었는지를 생각해보는 것이 도움이 됩니다. 즉, '분류'를 통해 도형들의 특징을 되새기게 하는 것입니다.

예를 들어, 정삼각형에 대한 약속이 잘 떠오르지 않는다면 여러

그림 2_ 정삼각형의 약속을 묻는 문제(수학 4-2 〈다각형〉)

정삼각형은 어느 것일까요?

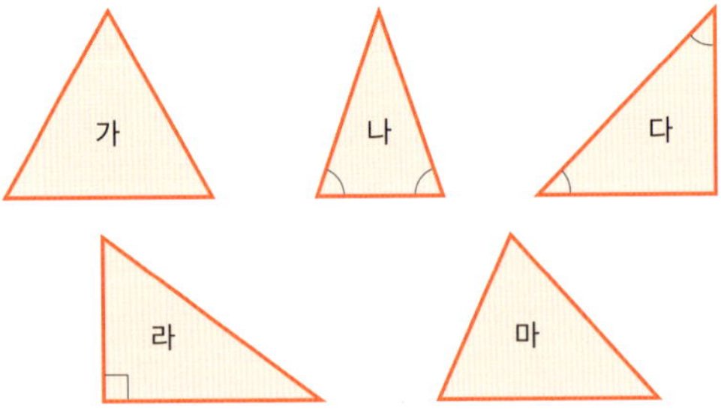

삼각형 중에서 정삼각형을 골라내는 연습을 하면서 왜 그 삼각형을 정삼각형으로 분류할 수 있는지 스스로 설명을 해보는 과정이 필요합니다(그림 2). 이 과정에서 정삼각형의 특성과 성질을 찾아낼 수 있고, 그것을 바탕으로 정삼각형에 대한 약속도 자연스럽게 이끌어낼 수 있을 것입니다. 이런 과정을 반복하면서 정삼각형에 대한 약속을 기억할 수 있도록 해야 합니다.

도형에 관한 약속들을 처음부터 무작정 외우게 하는 것은 좋은 방법이 아닙니다. 내용을 이해하지 못하고 외우기만 하는 것은 잊어버리기 쉽기 때문입니다. 이런 방식으로 도형을 종류별로 분류해보면서 그 도형의 특성과 성질을 자연스럽게 익히고, 이를 바탕으로 도형에 대한 약속을 기억할 수 있도록 도움을 주는 것이 좋습니다.

아이가 도형을 분류하고 그 이유를 직접 설명하는 과정에서, 스스로 질문을 하고 답을 하도록 유도하는 것도 좋습니다.

예를 들면 "왜 이 도형은 다각형이 아닐까?"라고 스스로 물어보고 "다각형은 이러저러해야 하는데, 이 도형은 이러저러하므로 다각형이 아니야"라고 대답을 한다든가, "이 도형은 이러저러한 조건을 갖추었으므로 정삼각형입니다"라는 말을 소리 내어 해보는 것입니다. 암기를 할 때는 보통 머릿속으로 생각만 하는 대신 소리 내어 말을 해보는 것이 훨씬 더 도움이 됩니다.

도형 개념 체크 ❷
도형의 위계적 특성을 잘 이해하지 못하는 경우

수학의 위계적 특성에 대해서는 반복적으로 강조하고 있습니다. 덧셈과 뺄셈, 곱셈과 나눗셈 등의 연산에 있어서는 이런 위계적 특성을 쉽게 떠올리지만 도형에 있어서는 이런 성격을 놓치는 경우가 더러 있습니다. 그러나 도형도 수학의 다른 영역 못지않게 위계적 특성이 중요한 영역입니다.

2학년 1학기 〈여러 가지 도형〉에서 삼각형, 사각형, 오각형, 육각형이라는 용어와 다양한 모양의 도형들이 있다는 것을 배운 다음, 3학년 1학기 〈평면도형〉에서 선분, 각, 직각삼각형, 정사각형, 직사각형의 약속과 용어를 배웁니다. 다양한 종류의 삼각형과 사각형 중에서 직각삼각형과 정사각형, 직사각형을 먼저 배우는 이유는 이 도형들이 각과 변의 길이만으로도 간단하게 설명할 수 있는 것들이기 때문입니다.

이런 단순한 특징을 가진 도형을 먼저 배워야 그다음으로 조금 더 복잡한 특성을 가진 이등변삼각형, 정삼각형 등의 삼각형과 평행사변형, 사다리꼴, 마름모 등의 여러 가지 사각형, 그리고 다각형, 정다각형 같은 도형들을 4학년 때 배울 수 있게 되는 것입니다.

도형의 학습에 문제가 생기는 것은 보통 3, 4학년 시기입니다. 이때 어려움을 겪는 학생들을 보면 도형의 위계적 특성을 이해하지

그림 3_ 예각과 둔각을 혼동하는 경우

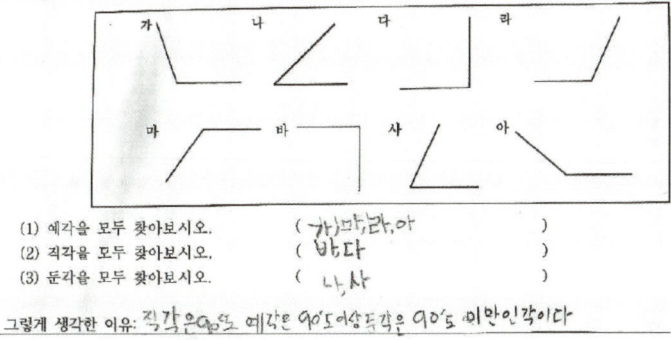

출처: 김은경, 〈도형 및 측정 영역의 학습에서 나타나는 오류 분석〉 서울교육대학교 석사 논문, 2019.

못하고, 현재 이해가 잘 안 된다고 느끼는 부분만 계속 들여다보려는 경우가 많습니다. 하지만 그러다 보면 도형의 특성을 제대로 이해하지 못해 비슷한 실수를 반복하게 됩니다.

가끔씩 둔각삼각형의 특징을 제대로 이해하지 못하고 세 각이 모두 둔각인 삼각형이라고 자꾸만 착각하는 학생들이 있는데, 대부분 지난 학년에서 배운 둔각의 약속을 제대로 이해하지 못했거나, 삼각형 세 각의 합이 180°라는 사실을 기억하지 못하는 경우입니다. 직각삼각형이나 직각사각형을 제대로 설명하지 못하는 경우도 이유는 비슷합니다. 지난 학년에서 '직각'에 대한 공부를 확실히 하지 않았기 때문이지요.

예를 들어, 그림 3과 같이 예각, 둔각을 혼동하는 학생의 경우 이 상태로는 4학년 과정에서 나오는 둔각삼각형, 예각삼각형을 분류하는 문제와 관련된 약속들을 이해하기가 어려울 것입니다.

해결 방법: 전 학년에 걸쳐 도형과 관련된 내용을 복습하기

도형의 맥락을 이해하려면 도형의 위계를 이해하고 그 흐름을 전체적으로 살펴보는 것이 좋습니다. 즉 아이가 어떤 도형을 정확하게 이해하지 못한다거나 그 특징을 제대로 설명하지 못한다면, 해당 학년이나 해당 학기의 내용만 공부할 것이 아니라 전 학년, 전 학기의 도형 관련 단원의 내용을 한번 정리해보는 것이 좋습니다.

그리고 도형과 관련된 부분에서 실수가 많다면 현재 공부하고 있는 학년에서 언급되는 도형의 용어들을 다 잘 알고 있는지부터 확인을 해보아야 합니다. 만약 지난 학년이나 단원에서 배운 내용인데 헷갈리고 있는 것들이 있다면 예전 내용부터 찾아 복습해야 합니다. 예를 들어, 지금 사다리꼴이나 평행사변형을 배우고 있는데 거기서 나오는 '평행'이라는 개념을 정확하게 이해하지 못하고 있다면 전 단원에서 '평행'과 관련된 부분부터 찾아 다시 공부해야 한다는 것입니다.

도형 개념 체크 ❸
도형을 수학적 감각으로 잘 이해하지 못하는 경우

　1, 2학년 과정의 도형 관련 단원들은 실생활에서 볼 수 있는 것들을 중심으로 도형에 익숙해지는 과정이라고 볼 수 있습니다. 예를 들면, 2학년 과정에서 원을 배울 때는 종이컵을 바닥에 대고 테두리를 따라 선을 그어 나오는 모양이 '원'이라고 알려주는 식입니다.

　도형의 수학적인 의미를 익히는 것은 3학년 2학기 때부터입니다. 중학교 과정에서 나오는 것처럼 원을 '한 점에서 거리가 일정한 점들의 집합'이라고 배우지는 않지만, 컴퍼스를 이용해 원을 직접 그려보면서 원의 중심, 반지름, 지름 등 원의 구성 요소들을 익히게 됩니다.

　즉 1, 2학년 과정에서는 도형을 감각적으로 익히는 것에 중점을 둔다면 3, 4학년부터는 본격적으로 도형의 수학적인 면을 중점에 두고 학습하게 되는 것입니다. 따라서 3학년 과정부터는 도형을 감각적으로 이해하는 것과 동시에 도형의 수학적인 개념도 함께 익혀야 합니다.

　4학년 도형 중 감각적 학습과 수학적 학습이 결합된 대표적인 단원이 〈평면도형의 이동〉입니다. 도형의 밀기, 뒤집기, 돌리기를 하는 단원이지요. 쉬워하는 아이도 있는 반면에 무척 어려워하는 아이도 있는, 능력의 차이가 많이 보이는 단원입니다. 문제를 감각적으

그림 4_ 평면도형의 이동

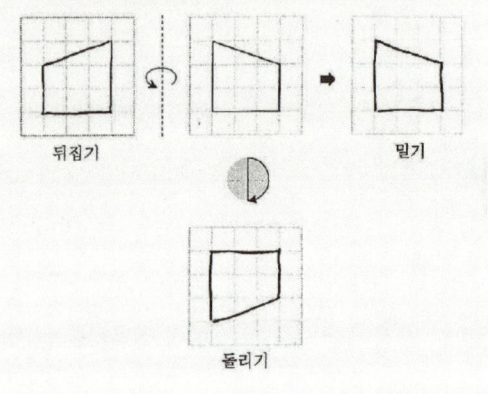

출처: 김은경, 앞의 논문.

로 풀었지만 수학적으로 설명을 못하는 경우가 있고, 수학적인 이해는 되었으나 감각적으로 실수를 하는 경우도 있습니다. 그리고 그림 4와 같은 문제가 나오면, '돌리기'라는 용어를 이해 못 해서 문제를 풀지 못하는 경우가 있고, '180°', 혹은 '180°를 돌린 모양'에 대한 감각적 이해가 부족해 실수를 하는 경우가 있습니다.

해결 방법: 평면도형을 직접 만들면서 도형에 대한 감각 키우기

도형의 수학적 이해는 앞서 이야기한 것처럼 비교와 분류 등을 통해 도형에 대한 개념을 정확하게 형성하는 것으로 가능합니다.

그러나 도형에 대한 감각적 이해가 부족한 경우는 다른 해법이 필요합니다. 이는 아직 사고의 범위가 추상적 단계까지 올라가지 못했기 때문입니다.

따라서 평면도형을 이동시키는 문제를 어려워하는 아이들에게는 구체적인 사물을 보여주면서 도형과 더 익숙해지도록 도와주는 것이 좋습니다.

평면도형을 이동시키는 문제 같은 경우, 많은 아이들이 도형의 모양을 머릿속으로 그리는 데 어려움을 겪습니다. 이럴 때는 도형을 종이에 그려 실제로 밀고 돌리고 뒤집어보면서 도형의 이동에 대한 감각을 기르는 것이 좋습니다. 마름모 같은 사각형의 성질을 익힐 때도 색종이를 직접 마름모 모양으로 잘라 가로와 세로로 접어보면서 네 변의 길이가 같기 때문에 변이 겹쳐지게 접을 수 있다는 사실을 눈으로 확인하면 도형에 대한 이해가 쉬워집니다.

그런데 한 가지 주의할 것은 도형에 대한 수학적 이해나 감각적 이해가 뛰어난 편인데도 실수를 자주 하는 아이들이 있다는 것입니다. 대부분 자신의 감각만 믿고 도형에 대한 세밀한 관찰을 하지 않거나 문제를 꼼꼼하게 확인하지 않는 경우입니다.

그런 아이들은 대부분 도형을 한번 흘깃 보고 바로 판단을 내려서 문제를 풉니다.

> **그림 5_ 직각삼각형의 회전**

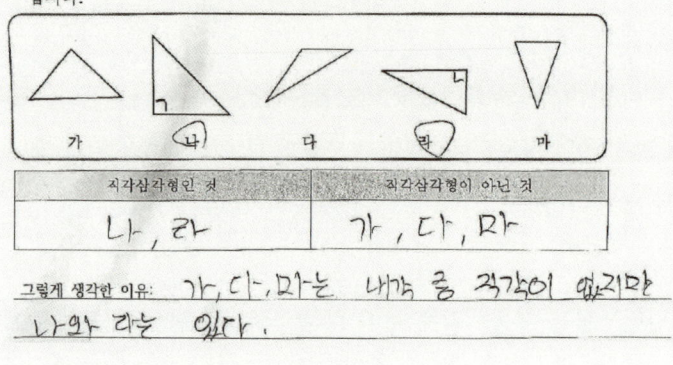

출처: 김은경, 앞의 논문.

그림 5와 같은 실수를 한 경우가 대표적입니다. 이 아이는 직각만 보고 (나), (라)만 직각삼각형으로 골랐습니다. 조금 더 침착하게 도형들을 살펴보고, 다른 삼각형들을 살짝 돌려보았다면 (가) 역시 직각삼각형이라는 것을 알 수 있었을 것입니다.

1, 2학년 과정에서 도형은 수학적 감각을 중심으로 보는 반면, 3학년부터는 수학적 감각에 수학적 약속(정의)을 더해 체계적이고 논리적인 수학적 이해로 넘어가는 단계입니다. 따라서 수학적 이해가 부족한 것인지, 수학적 감각이 부족한 것인지를 잘 파악하여 원인에 따라 적절한 해결 방안을 찾도록 해야 합니다.

• 핵심 정리 •

03. 도형 영역

⭐ **코칭 포인트**

도형의 약속에 대한 충분한 이해가 진행된 후 외워야 한다.

⭐⭐ **꼭 알아야 할 개념 & 문제 해결 방법**

도형 개념 ① 도형의 '약속'들을 잘 기억하지 못하는 경우
해결 방법 - 도형을 종류별로 분류하고, 그 이유를 생각하기.

도형 개념 ② 도형의 위계적 특성을 잘 이해하지 못하는 경우
해결 방법 - 전 학년에 걸쳐 도형과 관련된 내용을 복습하기.

도형 개념 ③ 도형을 수학적 감각으로 잘 이해하지 못하는 경우
해결 방법 - 도형을 직접 만들어보며 도형에 대한 감각 키우기.

04. 측정 영역
직접 재고, 달아보면 쉽게 이해할 수 있다

학습 단계

	1~2학년		3~4학년
1-1	4단원 〈비교하기〉	3-1	5단원 〈길이와 시간〉(km, 초)
1-2	5단원 〈시계 보기〉(시)	3-2	5단원 〈들이와 무게〉
2-1	4단원 〈길이 재기〉(cm)	4-1	2단원 〈각도〉
2-2	3단원 〈길이 재기〉(m,cm) 4단원 〈시각과 시간〉(분)	4-2	

2015 개정 교육과정 초등 1~4학년별 측정 단원

　수학의 영역 중 아이들이 실생활과 가장 밀접하게 느끼는 것이 바로 측정 영역입니다. 따라서 실생활에서 쓰이는 단위들을 잘 이해하고 있으면 측정 영역 학습에 큰 도움이 됩니다.
　측정 영역이 실생활과 관련이 있다 보니 아이들이 재미있게 수학을 배울 것 같지만, 실제 교과서는 학습적인 단계에 맞춰 구성되기에 아이들의 흥미가 떨어지는 단원이기도 합니다.

예를 들어, '시계 보기' 같은 경우 2학년 때 '분' 보는 법을 익히고, 3학년 때 '초' 보는 법을 익힙니다. 그러나 대부분의 아이들이 2학년 때 '분'뿐만 아니라 '초'를 보는 법까지 익히는 데 큰 무리가 없습니다. 직접 시계를 보면서 익히므로 이해가 쉽기 때문입니다. 반면 2학년 2학기 과정에서 1시간 40분이 100분과 같다는 등의 수학적 사고가 필요한 내용을 익히는 과정에서는 혼란을 느끼는 경우가 많습니다.

측정 개념 체크 ❶
단위별로 어느 정도인지 잘 모르는 경우

측정 영역을 대표하는 말은 '양감'이라고 할 수 있습니다. 풀어 쓰자면 '양에 대한 느낌' 정도가 되겠지요. 즉 수학에서는 파악하고자 하는 대상의 들이, 무게, 길이 등이 얼마나 되는지에 대한 느낌을 뜻합니다. 측정 영역에서는 길이, 무게, 들이 등을 재는 새로운 단위들을 많이 배우게 됩니다. 무엇을 잴 때 어떤 단위를 사용하는지도 잘 익혀야 하지만, 그 단위들이 뜻하는 것이 어느 정도의 길이, 무게, 들이인지도 어림할 수 있어야 합니다.

예를 들어, 2학년 과정에서 cm와 m에 대해 배우고, 1m=100cm라는 것을 아는 것도 중요하지만, 더 중요한 것은 실제로 그 길이가

그림 1_ 알맞은 단위 선택하기(수학 3-1 〈길이와 시간〉)

알맞은 단위를 선택해 봅시다.

버스의 길이는
약 12 ☐ 입니다.

km　　m　　cm

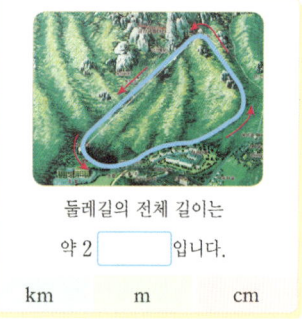

둘레길의 전체 길이는
약 2 ☐ 입니다.

km　　m　　cm

건빵의 가로 길이는
약 29 ☐ 입니다.

km　　m　　cm

축구 골대의 높이는
약 244 ☐ 입니다.

km　　m　　cm

얼마나 되는지를 느낄 수 있어야 한다는 것입니다. 이는 당연히 길이뿐만 아니라 분, 초 등의 시간, mℓ와 ℓ 등의 들이, g과 kg 등의 무게, 그리고 각도 등 측정의 모든 영역에 모두 해당합니다.

측정 영역에서는 어떤 개체의 측정값을 잘 알고 있다고 하더라도, 그것이 실제로 어느 정도인지에 대한 감이 없으면 풀기 어려운 문제들이 있습니다. 게다가 문제를 틀린 후에도 자신이 틀린 이유를 이해하기가 쉽지 않습니다. 그나마 1, 2학년 때는 1cm, 1m처럼 자 등을 이용해 실제로 측정할 수 있는 범위의 문제들만 다루기 때문에 직접 재면서 양감을 체험할 수 있습니다. 그러나 3학년 이상에서는 그림 1과 같이 실제 측정할 수 있는 범위를 넘어서는 문제들도 다루기 때문에 양감을 길러두지 않으면 해결하기 어렵습니다.

cm나 m까지는 어느 정도 감을 잡던 아이들도 km 단위를 넘어가면 헤맬 수 있습니다. 단위가 큰 측정의 영역은 수학의 다른 영역들처럼 딱 맞아떨어지게 계산할 수 있는 것이 아니라, 대략적인 감을 기준으로 해결해야 하기 때문에 그동안 수학을 잘해오던 아이들도 실수를 하는 경우가 종종 있습니다. 실제로 다른 영역은 문제없이 이해하던 아이가 km에 대한 양감이 부족해 오답을 낸 사례도 있습니다. 다음 페이지의 그림 2를 봐주세요.

일반적으로 아이들은 가장 자신 있는 답을 제일 먼저 쓰기 마련이지요. 이 아이의 경우 건물의 높이를 제일 먼저 썼습니다. 1km가

그림 2_ 단위 측정에서의 오답 예시

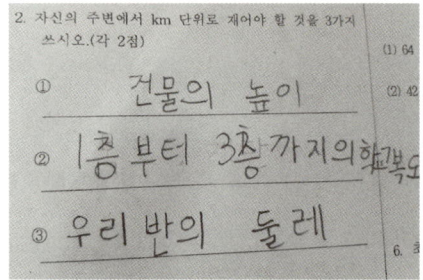

넘는 건물이 없는 것은 아닙니다. 하지만 세계에서도 손꼽히는 경우지요. 건물의 높이는 보통은 m 단위로 표시하는 것이 대부분입니다. 나머지 '학교 복도'의 길이나 '반 둘레'의 길이도 m로 표시하는 것이 더 일반적입니다. 이 학생의 경우, 자신이 직접 줄자를 들고 재기 힘든 정도의 길이를 대부분 km로 표시했다고 볼 수 있습니다. 1km가 대충 어느 정도의 길이인지에 대한 양감이 부족하기 때문에 이런 문제를 겪는 것입니다.

해결 방법: 자, 시계, 저울 등을 통해 '양감' 기르기

단위에 대한 양감이 부족한 아이에게 가장 필요한 것은 각 단위에 따른 측정값을 직접 경험하게 하는 것입니다. 그러기 위해서는 먼저 아이들이 3, 4학년까지 어떤 단위를 배우는지부터 알아야 합니다.

표 1_ 여러 가지 측정 단위

길이 단위	mm, cm, m, km
시간 단위	초, 분, 시
무게 단위	g, kg, t
들이 단위	ml, l
각도 단위	°

    3학년 1학기 과정에서는 길이와 시간의 단위, 3학년 2학기 과정에서는 길이, 시간, 무게, 들이의 단위를 배웁니다. 4학년 과정에서는 여기에 각도의 단위까지 배우게 되지요. 이 단위들부터 확실하게 인지한 후, 그에 따른 양감을 익히기 위해 제일 먼저 해야 할 일은 '어림하기'입니다. 도구를 이용해서 실제 측정을 하기 전에 먼저 눈대중으로 어느 정도의 무게, 길이, 들이, 각도인지를 먼저 짐작해보게 하는 것입니다. 이 과정을 되풀이하면서 어림한 값과 실제 측정한 값 사이의 오차를 줄여가다 보면 양감을 기를 수 있습니다.

    길이에 대한 양감을 기르기 위해서는 당연히 자가 필요합니다. 막대 자를 이용해 비교적 크기가 작은 주변의 물건들을 재보면서 mm, cm에 대한 양감을 익히고, 줄자를 이용해 m 단위의 양감에도 익숙해지도록 해주어야 합니다. 실제로 재보기 힘든 km의 경우 지도를 이용해 집에서 1km 정도 거리의 지점을 찾은 후, 함께 걸어

보면서 직접 양감을 느껴보도록 하는 것이 도움이 됩니다.

시간의 단위는 시계를 통해 비교적 쉽게 익힐 수 있습니다. 측정의 여러 영역 중 시간의 경우는 단위만 잘 알고 있으면 덧셈과 뺄셈을 이용해 시, 분, 초 등의 단위 변환을 할 수 있으므로 양감보다는 단위에 대한 개념을 정확히 익히는 것과 연산 능력이 중요합니다.

무게 단위는 집에 있는 체중계나 부엌에서 쓰는 저울 등을 통해서 자연스럽게 익힐 수 있습니다. 식료품 재료 겉면이나 과자 봉지 등에도 무게가 표시되어 있으므로 이런 것들을 찾아보게 하는 것도 무게에 대한 양감을 기르는 좋은 방법입니다.

그러나 이렇게 익힐 수 있는 것은 g이나 kg 단위까지입니다. t 단위가 넘어가면 그 무게를 어림해볼 수밖에 없습니다. 1000kg이 1t이라는 것을 아는 것과 그 무게가 실제로 얼마나 되는지를 짐작해보는 것은 다릅니다. 주변에서 트럭이나 코끼리 등 1톤이 넘는 무게를 가진 것들을 찾아보면서 1t에 대한 양감을 길러주는 것이 좋습니다.

들이 단위는 아이들이 자주 접하는 우유 등의 마실 것을 통해서 쉽게 익숙해질 수 있습니다. 평소 잘 마시는 음료수의 들이를 주의해서 보는 것만으로도 들이에 대한 양감을 익히는 데 도움이 됩니다. 각각 200mℓ, 500mℓ, 1ℓ 들이의 우유갑을 준비해서 직접 물을 담아보거나, 담은 물을 컵에 따라보면서 직접적으로 들이에 대한 양감을 익히는 것도 좋습니다.

측정 개념 체크 ❷
단위 환산을 어려워하는 경우

측정 영역에서 계산에 어려움을 겪는 이유는 단위 환산을 못하기 때문이거나 측정 연산에 서툰 경우 두 가지밖에 없습니다.

그중 단위 환산에 약한 아이들은 시계를 보고 시간을 알아보는 데는 문제가 없지만 시간의 단위를 바꿀 때 어려움을 겪으며 길이, 들이, 무게 등의 측정값을 다른 단위로 표시하면서 실수를 하기도 합니다.

> **그림 3_ 시간을 분과 초로 나타내기**(수학 3-1 〈길이와 시간〉)
>
> 시간을 분과 초로 나타내어 봅시다.
>
> 90초=□분□초   2분=□초

측정 영역의 단위 환산이 어려운 이유는 재고자 하는 영역마다 표시하는 단위가 따로 있고, 각 단위마다 약속된 것도 다 다르기 때문입니다. 여기에는 이유가 없습니다. 그렇게 하기로 정한 것이기 때문에 무조건 외워야 합니다.

그런데 1km=1000m, 1t=1000kg, 1kg=1000g, 1ℓ=1000mℓ이기 때문에 무조건 큰 단위와 작은 단위의 비율이 1:1000이라고 착각하

표 2_ 단위와 변환

길이	10mm = 1cm, 100cm = 1m, 1000m = 1km
시간	하루 = 24시간, 1시간 = 60분, 1분 = 60초
무게	1000g = 1kg, 1000kg = 1t
들이	1000mℓ = 1ℓ

기 쉽습니다. 주의를 기울이지 않으면 1m를 1000cm로 착각하는 등의 문제가 생길 수 있으므로 각 단위의 변환 과정을 확실하게 익혀두어야 합니다.

해결 방법: '묶어 세기'와 '곱셈'을 활용하기

단위 환산 문제는 두 가지 유형밖에 없습니다. 작은 단위에서 큰 단위로 바꾸거나, 반대로 큰 단위에서 작은 단위로 바꾸는 것이지요. 이럴 때 꼭 확인해야 하는 것이 바로 답에서 요구하는 단위입니다. 구하고자 하는 답의 단위를 먼저 확인해야 실수를 하지 않을 수 있습니다.

그림 4의 경우 문제가 간단해 보이지만 작은 함정이 있습니다. 문제에 제시된 그림 속 표지판에는 코끼리의 무게가 3t으로 표시되어 있습니다. 그런데 문제에서는 몇 kg이냐고 묻고 있습니다. 즉 괄호 밖의 kg이라는 단위를 유심히 보지 않으면 무심결에 3이라고

그림 4_ 무게 단위 환산하기(수학 3-2 〈들이와 무게〉)

● 무게를 나타내어 보세요.

(   ) kg

쓰기 쉽습니다.

이런 문제에서 실수를 하지 않으려면 3t이 3000kg이라는 것도 이해하고 있어야 하지만, 문제를 꼼꼼히 살피는 세심함도 중요합니다.

길이, 무게, 들이 등을 두 가지 이상의 단위를 함께 써서 나타낼 때도 있습니다. 이때 13mm, 1200m처럼 하나의 단위로만 나타내는 방법을 '단명수'라고 하고 1cm 3mm, 1km 200m처럼 두 개 이상의 단위를 써서 나타내는 방법을 '복명수'라고 합니다.

단명수, 복명수를 활용한 그림 5, 그림 6과 같은 문제들은 하나의 단위를 두 개의 단위로 나누어 나타내는 경우(단명수를 복명수로 나타내는 경우로, 작은 단위를 큰 단위와 작은 단위로 나타내는 경우)와 두 개의 단위를 하나의 단위로 나타내는 경우(복명수를 단명수를 나타내는 경우로, 큰 단위를 작은 단위로 나타내는 경우)로 생각할 수 있습니다.

그림 5_ 복명수로 표현하기 1(수학 3-1 〈길이와 시간〉)

다리의 길이를 나타내어 봅시다.

마포대교 1398 m   사천대교 2 km 145 m   이순신대교 2260 m

다리	km와 m로 나타내기	m로 나타내기
마포대교	1 km 398 m	1398 m
사천대교		
이순신대교		

그림 6_ 복명수로 표현하기 2(수학 3-2 〈들이와 무게〉)

● 여러 가지 물건의 무게를 나타내어 보세요.

 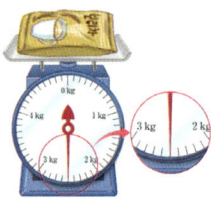 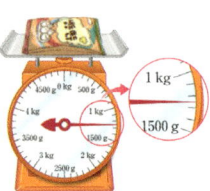

물건	무게	
잡곡	3 kg	3000 g
보리차	2 kg 500 g	(　　　) g
냉동 만두	(　　) kg (　　) g	1250 g

표 3_ 묶어 세기와 곱셈을 활용해 단위 환산하기

묶어 세기를 이용해 작은 단위를 큰 단위로 만들기	• 90초 = 60초+30초 = 1분 30초 • 2600ml = 2000ml+600ml = 2ℓ 600ml • 3500m = 3000m+500m = 3km 500m
곱셈을 이용해 큰 단위를 작은 단위로 만들기	• 2분 10초 = 2×60+10 = 130초 • 3kg 200g = 3×1000+200 = 3200g • 5m 10cm = 5×100+10 = 510cm

먼저 하나의 단위를 두 개의 단위로 나누어 나타내는 경우는 뺄셈 개념을 바탕으로 '묶어 세기'를 하면 됩니다.

예를 들어 '90초'를 분으로 나타내고자 한다면 1분이 60초이므로 60씩 묶어서 분으로 나타낼 수 있습니다. 즉 90초에서 60초를 1분으로 묶어 빼고 나면 30초가 남으므로 이를 식으로 표현하면 90초=60초+30초=1분 30초가 되는 것입니다.

두 개의 단위를 하나의 단위로 나타내는 문제의 경우는 '곱셈' 개념을 활용하는 것이 좋습니다. 예를 들어 2분 10초를 초로 나타낸다고 생각해보겠습니다. 1분은 60초이므로 2분은 2×60, 즉 120초가 됩니다. 여기에 남은 10초를 더해주면 130초라는 답을 얻을 수 있지요.

측정 개념 체크 ❸
측정 연산을 어려워하는 경우

측정 연산은 말 그대로 각 측정값들을 더하고 빼는 문제입니다. 2학년 때 배우는 길이의 덧셈과 뺄셈은 나오는 단위가 cm와 m이지만 그래도 어려워하는 아이들이 적지 않습니다. 또 3학년 때는 길이뿐만 아니라 다른 여러 다른 측정 단위들도 익혀야 하고, 그것들로 연산까지 해야 하니 결코 만만한 과정이 아닙니다.

현 교육과정에서는 '시간, 길이 등의 단위를 지도할 때 단위 사이의 관계를 이해하는 데 중점을 두고, 지나친 단위 환산은 다루지 않는다'고 지침을 내리고 있지만, 사실 어느 정도를 '지나친' 단위 환산이라고 봐야 할지 애매한 부분이 있습니다. 아마 받아올림이나 받아내림이 너무 복잡하지 않도록 배려하라는 뜻이겠지요.

하지만 측정 자체가 실생활과 몹시 밀접한 영역인 만큼, 측정값을 자연스럽게 구성하려면 받아올림과 받아내림의 상황이 발생할 수밖에 없습니다.

해결 방법: 단위끼리 줄을 맞추어 세로셈하기

측정 연산의 첫 단계는 단위끼리 자리를 맞추어 세로셈을 하는 것입니다. 이때 단위끼리 헷갈리지 않도록 각 단위별로 선을 그어

그림 7_ 복명수로 표현하기 1(수학 3-1 〈길이와 시간〉)

• 지혜가 음악을 듣고 난 시각을 알아봅시다.

음악 종류	재생 시간
동요	2분 20초
만화 영화 주제가	2분 15초
피아노 연주곡	4분 23초

• 지혜는 동요를 듣기로 하였습니다. 동요가 끝난 시각을 알아보세요.

11시 20분 10초 + 2분 20초 = ☐ 시 ☐ 분 ☐ 초

```
    11 시  20 분  10 초
  +       2 분  20 초
  ─────────────────────
     ☐ 시  ☐ 분  ☐ 초
```

그림 8_ 복명수로 표현하기 2(수학 3-2 〈들이와 무게〉)

• 계산해 보세요.

2 kg 500 g + 1 kg 200 g = ☐ kg ☐ g

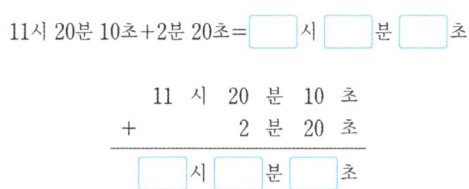

주는 것도 좋습니다. 이렇게 세로셈한 결과를 가지고 단위 환산을 하는 것입니다.

측정 연산 문제 중 조금 어려운 편에 속하는 것이 그림 7과 그림 8과 같은 복명수와 단명수끼리의 덧셈이나 뺄셈입니다. 이때는 복명수든 단명수든 한쪽으로 통일부터 한 후에 연산을 해야 합니다. 그런 다음 결과를 답에서 원하는 단위로 바꾸는 것이지요.

사실 측정 연산 자체는 덧셈과 뺄셈만 잘하면 되므로 크게 어렵지 않습니다. 하지만 여기에 단위 환산이라는 문제가 더해지면 아이들 입장에서는 두 가지 수학적 사고를 거쳐야 하니 어렵게 느낄 수 있습니다. 이렇게 몇 가지 개념이 섞여 있는 문제를 대할 때는 서두르지 말고, 한 단계씩 차근차근 풀어가는 습관을 들일 수 있도록 도와주는 것이 좋습니다. 단위의 개념을 정확히 익히고, 차분하게 문제를 꼼꼼히 살피며 풀어나간다면 측정 영역의 학습은 크게 어렵지 않을 것입니다.

• 핵심 정리 •

04. 측정 영역

⭐ **코칭 포인트**
실생활에서 사용되고 있는 단위들에 대해 정확하게 익힌다.

⭐⭐ **꼭 알아야 할 개념 & 문제 해결 방법**

측정 개념 ① 단위별로 어느 정도인지 잘 모르는 경우
해결 방법 - 자, 시계, 저울 등을 통해 '양감' 기르기.

측정 개념 ② 단위 환산을 어려워하는 경우
해결 방법 - 작은 단위에서 큰 단위로 환산할 때는 '묶어 세기'를 활용하기.
         - 큰 단위에서 작은 단위로 환산할 때는 '곱셈'을 활용하기.

측정 개념 ③ 측정 연산을 어려워하는 경우
해결 방법 - 단위끼리 줄을 맞추어 세로셈하기.

05. 규칙성 영역
연산을 넘어 다양한 규칙을 볼 줄 아는 시각을 키워주자

학습 단계

1~2학년		3~4학년	
1-1		3-1	
1-2	5단원 〈시계 보기와 규칙 찾기〉	3-2	
2-1		4-1	6단원 〈규칙 찾기〉
2-2	6단원 〈규칙 찾기〉	4-2	

2015 개정 교육과정 초등 1~4학년별 규칙성 단원

  규칙성 영역은 1학년의 〈시계 보기와 규칙 찾기〉, 2학년의 〈규칙 찾기〉가 4학년 1학기의 〈규칙 찾기〉로 이어지는 단원입니다.

  3, 4학년 전체 과정을 통틀어 한 단원밖에 되지 않기 때문에 상대적으로 소홀하기 쉬운 부분입니다. 그러나 규칙성과 관련된 영역은 학년이 올라갈수록 비중이 커지기도 하고, 내용도 이해가 쉽지 않은 편이니 처음부터 개념을 확실히 이해해두는 것이 중요합니다.

규칙성을 배울 때 제일 중요한 것은 패턴 인식입니다. 4학년에서 배우는 규칙성은 크게 '수의 배열' '도형의 배열' '계산식의 규칙' 등 총 3개의 개념으로 모두 일정한 패턴을 찾아내는 방법을 익히는 것이 학습의 핵심입니다.

규칙성 개념 체크 ❶
수 배열의 규칙성을 찾지 못하는 경우

다음 페이지의 그림 1처럼, 2학년의 〈규칙 찾기〉는 비교적 어렵지 않은 단원입니다. 덧셈표나 곱셈표, 무늬 등에서 별다른 수학적 사고를 거치지 않고도 직관적으로 규칙을 찾아내는 것이 가능하기 때문입니다.

그러나 4학년에서 다루는 문제들은 그처럼 단순하지 않습니다. 그림 2의 수 배열표 문제만 보아도 그렇습니다. 어른들 눈에는 수가 가로로 10001, 10102, 10203으로 변하고 있으니 일단 뒤의 수에서 앞의 수를 빼보면 해결되는 간단한 문제로 보일 수 있지요.

하지만 아이들에게는 10102-10001이라는 뺄셈이 결코 간단하지 않습니다. 무려 10000이 넘어가는 다섯 자리 수의 연산이기 때문입니다. 아직 세 자리 수의 덧셈과 뺄셈밖에 해보지 않은 아이들은 무의식중에 겁을 먹기 쉽습니다.

그림 2의 수 배열표 속 수들은 가로 방향으로는 101씩, 세로 방향

그림 1_ 2학년 과정의 규칙성 문제(수학 2-1 〈규칙 찾기〉)

문제 1 ?에 알맞은 수를 찾으시오

x	1	3	5	7
2	2	6	10	14
4	4	12	20	28
6	6	18	?	42
8	8	24	40	56

문제 2 □에 들어갈 알맞은 무늬를 찾으시오

그림 2_ 4학년 과정의 수 배열 규칙성 문제(수학 4-1 〈규칙 찾기〉)

수 배열표에서 규칙을 찾아봅시다.

10001	10102	10203	10304	10405
20001	20102	20203	20304	20405
30001	30102	30203	30304	30405
40001	40102	40203	40304	40405
50001	50102	50203	50304	50405

- 가로에서 규칙을 찾아보세요.

- 세로에서 규칙을 찾아보세요.

- 또 다른 규칙을 찾아보세요.

으로는 10000씩 커지고 있습니다. 아이들은 이러한 결론에 도달할 수 있는 방법을 스스로 찾아야 합니다. 그리고 문제에 제시된 가로와 세로 방향 외에 또 어떤 규칙을 찾을 수 있는지도 생각할 수 있어야 합니다.

해결 방법: 연산에만 의존하지 말고 시야를 넓히기

4학년 과정의 규칙성 문제를 살펴보면 유난히 큰 수들이 많이 나오는 것을 볼 수 있습니다. 이는 규칙을 찾을 때 단순히 덧셈과 뺄셈으로만 연결해서 생각하는 것을 막기 위해서입니다.

10001에서 어떤 규칙에 의해 10102가 되는지 그 과정을 살펴보면, 만의 자리 수와 천의 자리 수가 그대로라는 것을 알 수 있습니다. 이는 변화의 규칙을 생각할 때 만의 자리와 천의 자리를 고려하지 않아도 된다는 뜻입니다. 그러면 1에서 102가 된 것과 마찬가지니 두 수 사이에 101만큼의 차이가 있다는 것을 알 수 있지요. 마찬가지 방법으로 10102와 10203의 사이를 살펴보면 역시 102와 203의 차이만 생각하면 된다는 것이 보일 것입니다.

이 해결 방법의 핵심은 너무 연산에만 의존해 규칙을 찾으려고 할 필요는 없다는 것입니다. 나열된 수들을 보면서 덧셈, 뺄셈, 곱셈, 나눗셈의 가능성을 고려하는 동시에 수들 사이에 어떤 규칙적인 변화가 있는지를 함께 살펴보는 시각을 가지는 것이 좋습니다.

규칙성 개념 체크 ❷
도형 배열의 규칙성을 찾지 못하는 경우

도형과 관련된 문제도 마찬가지입니다. 주어진 숫자 혹은 도형 그림만 보고 규칙을 찾아내야 하는 이런 문제들은 정해진 공식이 없고, 그때 그때 상황에 맞게 알고 있는 방법들을 응용해야 하기 때문에 아이들을 당황하게 만들기 쉽습니다.

모형의 수를 세어보고 규칙을 찾는 문제는 큰 수를 다루지는 않습니다. 하지만 다른 어려움이 있습니다. 도형의 개수가 늘어나고 있으니 뒤의 수에서 앞의 수를 빼 규칙을 알아보려는 것까지는 어렵지 않은데, 문제는 늘어나는 수가 일정하지 않다는 것입니다.

이전까지는 차이가 일정하게 나는 문제들만 다루었기 때문에 '얼마씩 늘어나고 있습니다' 혹은 '얼마씩 줄어들고 있습니다'처럼 표현하거나, 다음에 어떤 무늬가 올지 그려보기만 하는 형식이었습니

> **그림 3_ 4학년 과정의 도형 배열 규칙성 문제(수학 4-1 〈규칙 찾기〉)**

계단 모양의 배열에서 규칙을 찾고 이야기해 봅시다.

첫째	둘째	셋째	넷째

● 모형의 수를 세어 보고, 규칙을 찾아보세요.

다. 그래서 그림 3에서처럼 늘어나는 수가 2, 3, 4로 일정하지 않으면, 어떤 규칙이 있다는 생각은 들지만 이것을 말로 표현할 방법을 몰라 당황하게 됩니다.

해결 방법: 규칙을 수뿐만 아니라 식으로도 나타내기

그림 3과 같은 문제는 4학년 과정에서 새롭게 등장하는 규칙입니다. 한국교육과정평가원에서 나온 2015 개정 교육과정 수학과 성취 기준을 살펴보면 이런 문제가 왜 출제되었는지 그 의도를 이해할 수 있습니다.

- [4수0401] 다양한 변화 규칙을 찾아 설명하고, 그 규칙을 수나 식으로 나타낼 수 있다.
- [4수0402] 규칙적인 계산식의 배열에서 계산 결과의 규칙을 찾고, 계산 결과를 추측할 수 있다.

즉 규칙을 찾아서 수로 나타내는 방법뿐 아니라 식으로 나타내는 방법도 알아야 한다는 의미입니다. 따라서 그림 3의 문제가 요구하는 것은 그림 속 상자 수의 변화를 관찰해 그 변화 과정을 '1, 1+2, 1+2+3, 1+2+3+4'라는 식으로 나타내라는 것입니다. 그림 4를 참고해주세요.

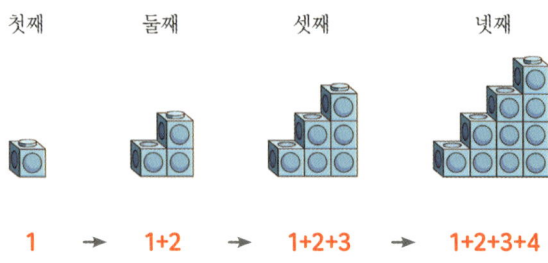

규칙성 개념 체크 ❸
큰 수의 규칙성을 찾지 못하는 경우

규칙성 문제를 풀 때 아이들이 많이 어려워하는 유형 중 하나가 지금까지 연산을 해보지 않은 큰 수가 나오는 경우입니다. 그림 5는 교과서에 나오는 문제로, 이에 적합한 예시입니다.

지금까지 간단한 덧셈표나 곱셈표에 익숙했던 아이들은 11과 101이 만나는 곳에 1밖에 없는 것을 보고 당황하기 쉽습니다.

"곱셈을 이용했구나!"라는 말풍선에서 힌트를 얻어 곱셈을 해야 한다는 것을 알았다 해도, 버거운 느낌이 먼저 들 것입니다. 표의 빈칸을 모두 채우려면 세 자리 수와 두 자리 수의 곱셈을 몇 번이나 해야 하는지 엄두가 나지 않을 것이기 때문입니다.

그림 5_ 큰 수의 규칙성 문제(수학 4-1 〈규칙 찾기〉)

수 배열표에서 규칙을 찾아봅시다.  → 계산기를 이용!

문제 해결의 힌트! ← 곱셈을 이용했구나!

특별한 규칙이 있어.

	101	102	103	104	105	106	107	108	109
11	1	2	3	4	5	6	7	8	
12	2	4	6	8	0	2	4		
13	3	6	9	2	5	8		●	
14	4	8	2	6	0				
15	5	0	5	0					
16	6	2	8						
17	7	4							
18	8								
19				■					

그림 6_ 계산기를 활용하는 규칙성 문제(수학 4-1 〈규칙 찾기〉)

나눗셈식에서 규칙을 찾아봅시다. → 계산기를 이용!

순서	나눗셈식
첫째	111111111 ÷ 9 = 12345679
둘째	222222222 ÷ 18 = 12345679
셋째	333333333 ÷ 27 = 12345679
넷째	444444444 ÷ 36 = 12345679
다섯째	

해결 방법: 필요할 때는 계산기를 적극적으로 활용하기

그림 5의 문제에서 중요한 것은 연산이 아니라 연산으로 얻어낸 결과들 사이에 어떤 규칙이 있는가를 알아내는 것입니다. 그래서 문제 옆에 '계산기' 표시가 있는 것을 볼 수 있습니다. 이는 필요한 곱셈을 직접 하지 말고 계산기를 이용하라는 뜻입니다. 계산기가 필요한 문제를 하나 더 살펴보겠습니다.

그림 6과 같은 문제를 일일이 직접 계산하라고 하는 것은 그저 아이를 괴롭히는 일일 뿐입니다. 초등학생이 수업 시간에 계산기를 이용해 계산을 한다는 사실이 낯설게 느껴지는 부모도 있을 수 있습니다. 하지만 여러 번 강조한 대로, 최근의 수학 교육이 중시하는 것은 계산 능력이 아닌 수학적 사고력입니다.

그래서 단순 계산 때문에 사고하는 것을 방해받지 않기 위해 계산기 사용을 허용하는 것입니다. 그러니 계산기 표시가 있는 문제는 얼마든지 계산기를 이용해 연산을 해도 됩니다. 교육과정에서도 4학년 이상의 고학년에서는 계산기를 효과적으로 사용할 것을 권하고 있습니다. 그러니 계산기 표시가 붙어 있는 문제들은 아이들에게 무리하게 연산을 시키는 대신, 계산기를 적극적으로 활용하도록 하는 게 바람직합니다.

• 핵심 정리 •

05. 규칙성 영역

🌟 **코칭 포인트**
3, 4학년 과정에서는 한 단원밖에 안 나오지만 앞으로 중요성이 커지는 단원이고, 내용도 어려운 편이니 소홀하지 않도록 주의해야 한다.

🌟🌟 **꼭 알아야 할 개념 & 문제 해결 방법**

규칙성 개념 ① 수 배열의 규칙성을 찾지 못하는 경우
해결 방법 - 연산에만 의존하지 말고 시야를 넓히기.

규칙성 개념 ② 도형 배열의 규칙성을 찾지 못하는 경우
해결 방법 - 규칙을 수뿐만 아니라 식으로도 나타내기.

규칙성 개념 ③ 큰 수의 규칙성을 찾지 못하는 경우
해결 방법 - 필요할 때는 계산기를 적극적으로 활용하기.

06. 자료와 가능성 영역
부모의 꼼꼼한 학습 점검이 중요하다

학습 단계

1~2학년		3~4학년	
1-1		3-1	
1-2		3-2	6단원 〈자료의 정리〉
2-1	5단원 〈분류하기〉	4-1	5단원 〈막대그래프〉
2-2	5단원 〈표와 그래프〉	4-2	5단원 〈꺾은선그래프〉

2015 개정 교육과정 초등 1~4학년별 자료와 가능성 단원

    자료와 가능성 영역은 2학년에서 4학년에 걸쳐 배웁니다. 지금은 '자료와 가능성'이라고 하지만 예전에는 '확률과 통계'라고 불렀습니다. 3학년 과정에서는 그림그래프, 4학년 1학기 과정에서는 막대그래프, 4학년 2학기 과정에서는 꺾은선그래프 등 주로 그래프를 배우는 영역으로, 아이들이 그래프 그리는 걸 귀찮아하기는 하지만 크게 어려워하지는 않습니다. 하지만 언제나 예외는 있습니다.

게다가 남들이 다 쉽다고 하는 부분에서 혼자만 어려움을 겪고 있으면, 내색하기도 쉽지 않으니 아이들이 실제로 잘 이해하고 있는지 꼭 살펴보기 바랍니다.

자료와 가능성 개념 체크 ❶
내용 파악을 못하거나 자료 정리에 서툰 경우

3, 4학년 과정의 '자료와 가능성' 영역 문제들은 크게 두 가지 유형으로 나뉩니다. 하나는 그래프를 보고 자료의 내용을 해석하는 것이고, 다른 하나는 자료의 내용을 그래프로 나타내는 것입니다. 그중 그래프가 뜻하는 것을 잘 이해하지 못하는 아이들을 살펴보면, 내용 파악이 정확하게 되지 않았거나 자료를 정리할 때 실수해서 수치를 잘못 생각한 경우가 대부분입니다.

해결 방법: 주의력과 꼼꼼함 기르기

그래프 문제들은 대화를 통해 문제의 해결 방법을 제시하는 경우가 많습니다. 자료를 그래프로 나타내는 방법도 여러 가지가 있고, 그래프나 자료를 활용하는 방식도 다양하기 때문에 그중에 무엇을 요구하는 것인지를 구체적으로 알려주어야 하기 때문입니다. 그런데 성격이 급하거나 덤벙대는 아이들은 이런 부분을 꼼꼼하게

그림 1_ 막대그래프 문제와 풀이(수학 4-1 〈막대그래프〉)

막대그래프를 어떻게 그릴까요

수일이네 반 학생들이 좋아하는 올림픽 경기 종목을 조사하여 나타낸 표입니다. 표를 보고 막대그래프로 나타내는 방법을 알아봅시다.

좋아하는 경기 종목별 학생 수

경기 종목	레슬링	유도	사격	태권도	양궁	합계
학생 수(명)	2	2	4	10	8	26

부분의 합이 전체와 같은지 항상 확인할 것!

- 막대그래프의 가로와 세로에는 각각 무엇을 나타내어야 하나요?

- 세로 눈금 한 칸은 몇 명을 나타내어야 하나요?

- ㉠, ㉡, ㉢에는 각각 무엇을 써야 하나요?

- 막대그래프를 완성해 보세요.

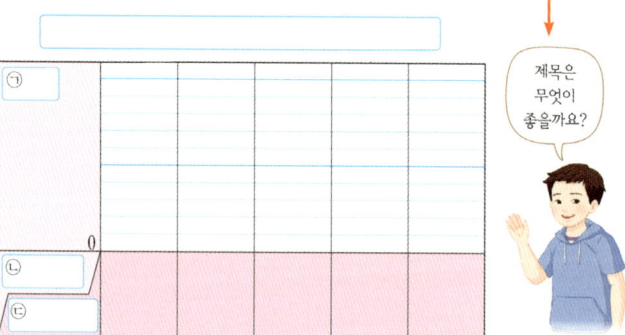

대화 부분에 제시된 내용을 꼼꼼하게 읽어볼 것!

제목은 무엇이 좋을까요?

읽지 않아 실수를 하는 경우가 많습니다.

자료 정리에서 자꾸 오답을 내는 경우도 마찬가지입니다. 대부분은 이해력이 부족하다기보다는 그야말로 주의력 부족으로 인한 '실수' 때문입니다. 그러므로 이런 아이들은 문제를 차분하고 세심하게 보는 습관부터 기르는 것이 중요합니다. 그리고 자료를 정리할 때 부분의 합이 전체와 맞아떨어지는지 항상 확인하는 것도 잊지 말아야 합니다.

자료와 가능성 개념 체크 ❷
그래프를 잘 못 그리는 경우

그래프를 그릴 때는 자료를 정리한 후, 그 자료로 무엇을 나타내고 싶은지를 먼저 생각하고 그 목적에 어울리는 그래프를 정해야 합니다. 그래프를 그리는 데 어려움을 겪는 대부분의 아이들은 그래프의 특성에 대한 이해가 부족한 편입니다.

해결 방법: 각 그래프의 특성을 바르게 파악하기

초등학교 3, 4학년 과정에서 배우는 그래프의 종류는 크게 세 가지입니다. 먼저 그림그래프는 자료의 수치를 그림으로 나타내는 그래프로, 자료의 양을 그림으로 확인할 수 있기 때문에 내용을 직

그림 2_ 다양한 종류의 그래프

대한초등학교 학생들이 좋아하는 한국 음식

음식	학생 수
닭갈비	
떡갈비	
불고기	
갈비탕	
비빔밥	

👤 1명
👤 10명

그림 그래프

관심 있어 하는 환경 문제

막대 그래프

관광객 수

꺾은선 그래프

218

관적으로 이해하기 쉽다는 장점이 있습니다. 그러나 자료의 양이 많으면 일일이 그림으로 나타내기 힘들다는 것이 단점입니다.

　막대그래프는 그림그래프보다 좀 더 추상화된 형태의 그래프입니다. 자료의 수치를 막대 모양으로 나타내고 있어 자료의 크기를 비교하기에 알맞습니다.

　4학년 2학기에 배우는 꺾은선그래프는 기온이나 판매량 등 자료의 변화 추세를 살펴보기에 적당한 그래프입니다. 자료를 정리하여 그래프로 나타내고 싶을 때는 그래프를 통해 나타내려고 하는 것이 무엇인지를 먼저 생각하고, 각 그래프의 장단점을 고려하여 그것에 가장 잘 어울리는 것을 선택해야 합니다.

• 핵심 정리 •

6. 자료와 가능성 영역

🌟 **코칭 포인트**

대체로 쉬운 단원이지만 방심하지 말고 학습 상황을 잘 체크해야 한다.

🌟🌟 **꼭 알아야 할 개념 & 문제 해결 방법**

자료와 가능성 개념 ① 내용 파악을 못하거나 자료 정리에 서툰 경우
　해결 방법 - 주의력을 키우고, 주어진 내용을 꼼꼼하게 확인하는
　　　　　　습관을 기르기.

자료와 가능성 개념 ② 그래프를 잘 못 그리는 경우
　해결 방법 - 각 그래프의 특성을 바르게 파악하기.

부록

내 아이 수학 실력 진단 테스트

● 초등 수학 공부는 실력 진단이 우선입니다 ●

문제 풀이를 통해 부모와 아이가 얻을 수 있는 것은 무엇일까요?
바로 아이가 부담을 느끼는 영역과 부담을 덜 느끼는 영역을 구분해내는 것입니다. 앞서 강조해온 것처럼, 세부적으로 잘하는 영역과 쉬운 영역, 어려운 영역과 못하는 영역을 파악할 필요가 있습니다. '수학 실력 진단 테스트'를 통해 아이의 실력과 특성을 파악한 다음, 그에 맞게 지도할 것을 권합니다.

● 3, 4학년을 잇는 개념 체크 24문항 ●

초등 수학의 6가지 핵심 영역인 수와 연산, 도형, 측정, 규칙성, 자료와 가능성 영역을 다룹니다. 3, 4학년의 영역별 중요도 비중에 따라 수와 연산 9문제, 도형 6문제, 측정 3문제, 규칙성 3문제, 자료와 가능성 3문제, 총 24개 문제로 구성했습니다. 영역별 문제는 아이가 어느 영역을 어려워하고, 어느 영역에서 자신감을 보이는지 아이의 실력을 한눈에 진단하도록 돕습니다.

● '보충·기본·심화'의 3단계 난이도 설정 ●

교과서 교육과정의 성취 기준인 3단계 레벨로 문제 난이도를 표시했습니다. 성취 기준은 '보충·기본·심화'로 이루어져 있으며, 이때 '보충'은 기본 이하의 실력을 '심화'는 기본 이상의 실력을 의미합니다. 이 테스트는 각각 8개의 보충문제와 기본문제, 심화문제로 구성되어 있습니다.

수와 연산 1 덧셈과 뺄셈

기본 문제 3학년 1학기 <덧셈과 뺄셈>

01 다음 덧셈과 뺄셈을 하세요.

①
```
    6 0 5
+   4 9 8
---------
```

②
```
    6 0 5
-   4 9 8
---------
```

보충 문제 3학년 1학기 <덧셈과 뺄셈>

02 다음 덧셈을 하세요.

①
```
    1 3 2
+   3 4 5
---------
```

②
```
      8 4
+     5 9
---------
```

심화 문제 3학년 1학기 <덧셈과 뺄셈>

03 다음 글을 읽고 문제에 답하세요.

> 숫자 카드 ③, ⑤, ②, ⑥, ⑨, ⑦ 6장을 3장씩 나누어서 두 개의 세 자리 수를 만들려고 합니다. 두 수를 더했을 때 나올 수 있는 가장 큰 결과는 얼마인가요?

(   )

수와 연산 2 나눗셈

기본 문제 3학년 2학기 <나눗셈>

04 다음 나눗셈을 하세요.

$$4 \overline{\smash{)}394}$$

보충 문제 3학년 2학기 <나눗셈>

05 다음 나눗셈을 하세요.

① $7 \overline{\smash{)}56}$ ② $4 \overline{\smash{)}97}$

심화 문제 3학년 2학기 <나눗셈>

06 다음 글을 읽고 문제에 답하세요.

> 어떤 수를 6으로 나누었더니 몫이 34, 나머지가 5가 되었습니다.
> 어떤 수가 얼마인지 구하세요.

(   )

수와 연산 3 분수의 덧셈과 뺄셈

기본 문제 4학년 2학기 <분수의 덧셈과 뺄셈>

07 다음 분수의 뺄셈을 하세요.

$$5\frac{2}{7} - 2\frac{5}{7} =$$

보충 문제 4학년 2학기 <분수의 덧셈과 뺄셈>

08 다음 글을 읽고 문제에 답하세요.

> 다음의 분수를 대분수는 가분수로, 가분수는 대분수로 나타내 보세요.
>
> $2\frac{4}{9} \to ($ $)$ $\frac{25}{6} \to ($ $)$

심화 문제 4학년 2학기 <분수의 덧셈과 뺄셈>

09 다음 글을 읽고 문제에 답하세요.

> 숫자 카드 4, 3, 7, 1의 4장을 빈칸에 넣어서 계산 결과가 가장 작게 나오도록 다음 뺄셈식을 완성하고 계산해보세요.
>
> $$\square\frac{\square}{9} - \square\frac{\square}{9} =$$

도형 1 평면도형

기본 문제 3학년 1학기 <평면도형>

10 다음 도형을 보고 문제에 답하세요.

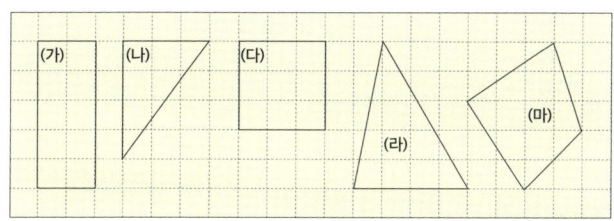

① 삼각형을 모두 찾아 기호를 써보세요. (　　　　)

② 사각형을 모두 찾아 기호를 써보세요. (　　　　)

③ 직각삼각형을 모두 찾아 기호를 써보세요. (　　　　)

④ 직사각형을 모두 찾아 기호를 써보세요. (　　　　)

보충 문제 3학년 1학기 <평면도형>

11 다음 도형에서 직각을 모두 찾아 ○로 표시해보세요.

  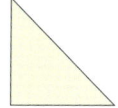 

심화 문제 3학년 1학기 <평면도형>

12 다음 도형에서 직사각형이 모두 몇 개인지 찾아보세요.

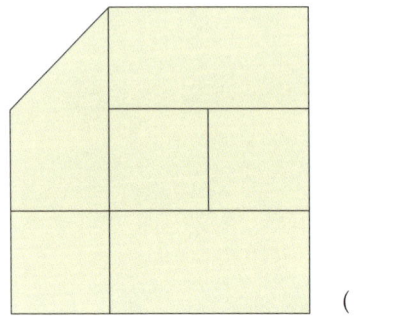

(   ) 개

도형 2   **평면도형의 이동**

기본 문제 4학년 1학기 <평면도형의 이동>

13 다음 도형을 시계 방향으로 90° 돌린 다음 오른쪽으로 뒤집은 모양을 그려보세요.

보충 문제 4학년 1학기 <평면도형의 이동>

14 다음 도형을 주어진 각도에 따라 돌린 그림을 그려보세요.

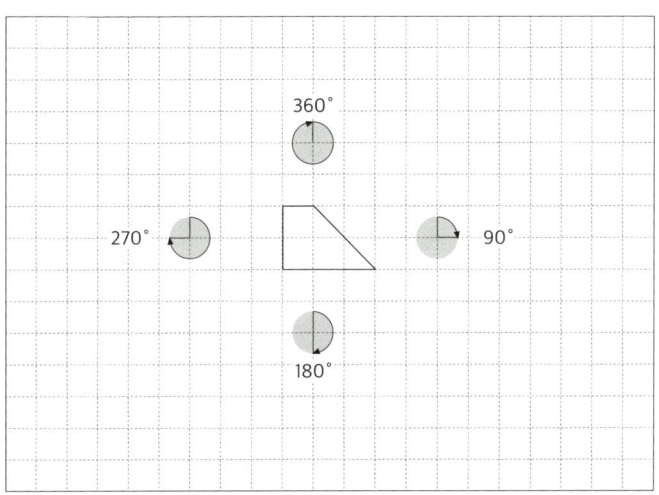

심화 문제 4학년 1학기 <평면도형의 이동>

15 왼쪽의 도형을 돌리기와 뒤집기를 한 번씩 해서 오른쪽의 모양이 되었습니다. 도형을 어떻게 움직였는지 설명해보세요.

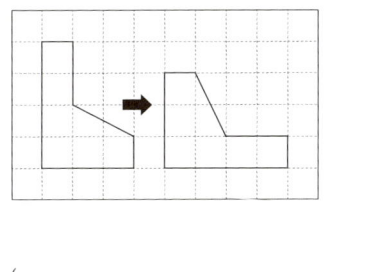

( )

측정 길이와 시간

기본 문제 3학년 1학기 <길이와 시간>

16 182초는 몇 분 몇 초인지 구해보세요.

(   )

보충 문제 3학년 1학기 <길이와 시간>

17 다음의 시계를 보고 몇 시 몇 분 몇 초인지 읽어보세요.

시   분   초

심화 문제 3학년 1학기 <길이와 시간>

18 지현이가 TV를 보기 시작할 때는 2시 15분 48초였습니다. 다 보고 나니 시계가 3시 27분 52초를 가리키고 있었습니다. 지현이는 TV를 얼마 동안 보았을까요?

(   )

규칙성 - 규칙 찾기

기본 문제 4학년 1학기 <규칙 찾기>

19 다음 도형의 배열에서 규칙을 찾아 물음에 답하세요.

① 어떤 규칙에 따라 도형을 배열하고 있는지 설명해보세요.

② 다섯째에 올 바둑돌의 수는 모두 몇 개입니까? (　　　) 개

보충 문제 4학년 1학기 <규칙 찾기>

20 다음 표에서 규칙을 찾아 빈칸에 알맞은 수를 써 넣으세요.

101	201	301	401	501	
111	211	311	411	511	
121	221				
131					

심화 문제 4학년 1학기 <규칙 찾기>

21 다음 도형의 배열에서 규칙을 찾아 물음에 답하세요.

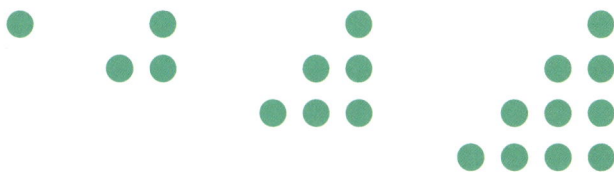

① 어떤 규칙에 따라 도형을 배열하고 있는지 설명해보세요.

② ①번의 설명과 다른 규칙을 찾아 설명해보세요.

③ 다섯 번째에 올 바둑돌의 수는 몇 개입니까? (   ) 개

자료와 가능성 — 꺾은선 그래프

기본 문제 4학년 2학기 <꺾은선그래프>

22 다음 표의 내용을 꺾은선그래프로 나타내 보세요.

서울시 7월 최고 기온

날짜(일)	1	8	15	22	29
학생 수(명)	27.3	28.3	28.1	29.1	30.1

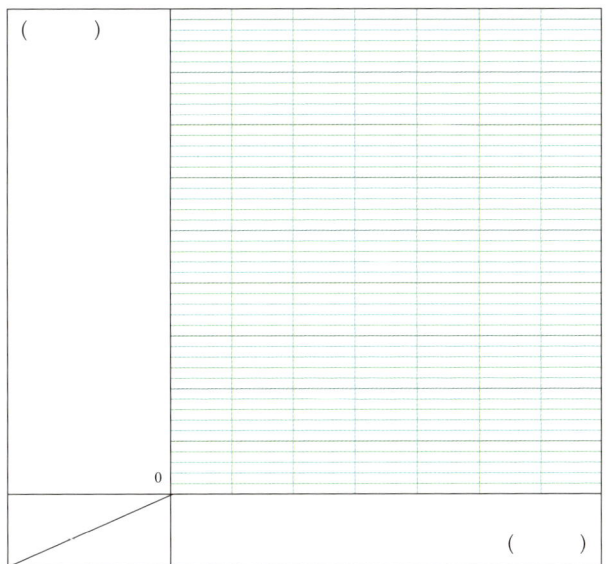

> **보충 문제** 4학년 2학기 <꺾은선그래프>

23 다음 표의 내용을 꺾은선그래프로 나타내보세요.

우리 학교 월별 전학생 수

학기	3월	4월	5월	6월	7월	합계
학생 수(명)	16	14	10	3	1	44

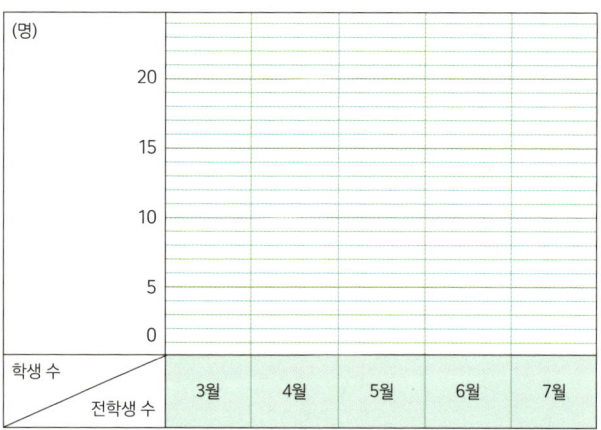

> **심화 문제** 4학년 2학기 <꺾은선그래프>

24 다음 상황을 보고 꺾은선그래프로 나타내는 것이 어울리면 '꺾', 막대그래프로 나타내는 것이 어울리면 '막'이라고 쓰세요.

① 1학년부터 4학년까지 키를 잰 값 (   )

② 도시별 인구수 (   )

③ 연도별 미세먼지의 양 (   )

부록

정답과 해설

수와 연산 1 덧셈과 뺄셈

01

```
      1 1              5 9 10
      6 0 5            6̸ 0̸ 5
    + 4 9 8          - 4 9 8
    ─────────        ─────────
정답 ① 1 1 0 3     ② 1 0 7
```

> **해설** 3학년 1학기 <덧셈과 뺄셈>은 세 자리 수끼리의 덧셈과 뺄셈입니다. 그중에서도 가장 아이들이 가장 어려워하는 것이 받아올림과 받아내림이 여러 번 있는 문제입니다. 이런 문제를 풀 때는 받아올림이나 받아내림을 정확하게 이해하고 있는지 계산 과정을 잘 살펴보아야 합니다.
> ①에서 일의 자리 수(5+8)의 합에서 받아올림이 생기면서 십의 자리 수(0+9)에 1를 더해서 다시 받아올림이 생기고, 백의 자리 수(6+4)에도 1을 더해야 하는 상황입니다. 아이가 어떻게 푸는지 잘 살펴보세요. 이 단원의 학습을 마쳤다면 이 문제는 완벽하게 풀 수 있어야 합니다.
> ②에서 일의 자리 수(5-8)끼리 뺄 수가 없기 때문에 받아내림이 생기면서 십의 자리 수(0)가 9가 되고 일의 자리는 15-8이 됩니다. 이런 문제를 풀 때는 특히 십의 자리 수 0이 9가 되는 과정을 잘 이해하고 있는지 살펴야 합니다.

02

```
                                      1
      1 3 2              8 4
    + 3 4 5          +   5 9
    ─────────        ─────────
정답 ① 4 7 7      ② 1 4 3
```

해설   기본 문제를 잘 풀지 못한 경우에는 보충 문제를 통해 상태를 다시 점검해 보아야 합니다.

①은 3학년 1학기 <덧셈과 뺄셈>에서 가장 먼저 나오는 받아올림이 없는 세 자리 수의 덧셈입니다. 즉, 세 자리 수 덧셈 자체를 이해하고 있는지를 알아볼 수 있는 문제로, 대부분의 아이들이 쉽게 푸는 수준입니다. 일의 자리부터 계산해도 되고, 백의 자리부터 계산해도 상관없습니다.

②는 2학년 때 나오는 받아올림이 있는 두 자리 수의 덧셈입니다. 일의 자리부터 계산하면 4+9=13으로 받아올림이 있고, 십의 자리도 8+5이어서 받아올림이 있습니다. 두 번의 받아올림을 해서 풀면 됩니다.

만약 ①은 제대로 계산했는데 ②를 틀렸다면 받아올림에 대한 이해를 다시 시킬 필요가 있습니다.

03

정답: 1715

해설   주어진 숫자 카드를 이용해 큰 수나 작은 수의 조합을 만들어보는 문제로, 세 자리 수의 덧셈과 뺄셈에서 자주 출제되는 심화형 문제입니다.

6장의 숫자 카드를 3장씩 두 묶음으로 묶어서 세 자리 수 2개를 만들어 더하면 됩니다. 이때 가장 큰 수가 나오게 하려면 백의 자리 수가 가장 커야 하므로 백의 자리 수 두 개는 9와 7이 되어야 하고, 십의 자리 수에 그다음 큰 수가 와야 하므로 6과 5가 와야 합니다. 마지막으로 일의 자리 수에는 3과 2가 와야 합니다.

따라서 일의 자리의 합은 3+2=5가 되고 십의 자리 수의 합은 6+5=11이므로 십의 자리 수는 1이지만 백의 자리로 받아올림한 1이 있습니다. 백의 자리수의 합은 9+7=16이지만 받아올림한 1이 있으므로 백의 자리 수는 7이 되고 천의 자리에 1이 올라갑니다. 따라서 나온 값은 1715가 됩니다.

수와 연산 2 나눗셈

04

```
      9 8
    ┌─────
  4 │ 3 9 4
      3 6
      ───
        3 4
        3 2
        ───
          2
```

정답: 2

해설 앞자리부터 나눗셈을 시작했을 때 백의 자리 3은 4로 나눌 수가 없습니다. 그래서 십의 자리까지 합쳐 39를 4로 나눌 수 있는지 살펴보고, 이때 39에 가장 가까운 4×9=36을 떠올릴 수 있어야 합니다. 이 과정에 따라 몫의 십의 자리에 9를 쓰고 39에서 36을 뺀 3을 잘 내려쓰고 있는지 살펴보십시오.

```
      9 8              9 8
    ┌─────           ┌─────
  4 │ 3 9 4        4 │ 3 9 4
      3 6              3 6
      ───              ───
        3                3 4
                         3 2
                         ───
                           2
```

그다음 394의 일의 자리 수인 4를 아래로 내려서 34를 만들 수 있어야 합니다. 34에 가장 가까운 4×8=32를 생각해 몫의 일의 자리에 8을 쓰고 34에서 32를 뺀 다음 나머지 2까지 실수 없이 계산을 마쳐야 정답입니다.

05 정답:

①
```
      8
   ┌─────
 7 │ 5 6
     5 6
     ───
       0
```

②
```
      2 4
   ┌─────
 4 │ 9 7
     8
     ───
     1 7
     1 6
     ───
       1
```

> **해설** 나눗셈의 기본 문제를 풀지 못한 경우에는 보충 문제를 다양하게 생각해 볼 수 있습니다. 3학년 1학기의 곱셈구구를 이용하여 몫을 구하는 단계까지 이해를 못 한 것인지, 두 자리 수나 세 자리 수를 나누는 방법을 모르는지를 확인해보아야 합니다.
>
> ①번 문제는 3학년 1학기에 나오는 곱셈구구를 이용한 나눗셈입니다. 56을 보고 7×8을 이용해서 간단히 몫이 8인 것을 찾아내는 문제입니다. 만약 3, 4학년인 아이가 ①번 문제를 풀지 못한다면 3학년 1학기 〈나눗셈〉부터 다시 차근히 공부를 해야 합니다.
>
> ②번 문제는 두 자리 수를 한 자리 수로 나누는 문제 중에서 나머지가 있는 문제입니다. 몫의 십의 자리 수인 2를 찾아낼 수 있는지, 몫의 일의 자리 수인 4를 찾아내고 마지막으로 나머지 1까지 찾아낼 수 있는지를 확인해야 합니다. 만약 이 문제를 어려워한다면 3학년 2학기 〈나눗셈〉을 처음부터 다시 되짚어보는 것이 좋습니다.

06 정답: 209

> **해설** 나눗셈의 몫과 나머지가 무엇을 의미하는지 정확하게 알고 있어야 풀 수 있는 문제입니다. 검산 방법을 이용해 식을 6×34+5로 세울 수 있어야 합니다.

수와 연산 3 — 분수의 덧셈과 뺄셈

07

정답: $2\dfrac{4}{7}$

해설 4학년 2학기 <분수의 덧셈과 뺄셈>은 진분수끼리의 덧셈과 뺄셈뿐만 아니라 대분수의 덧셈과 뺄셈까지 다루고 있습니다. 4학년에서는 분모가 같은 분수끼리의 덧셈과 뺄셈뿐이지만 5학년에서는 분모가 다른 분수의 덧셈과 뺄셈까지 다루고 있기 때문에 이 부분을 확실하게 이해하고 있어야 다음 학년에서 분수의 연산을 무리 없이 익힐 수 있습니다. 대분수의 뺄셈의 풀이 방법은 크게 두 가지입니다. 첫 번째는 대분수를 모두 가분수로 바꾸어서 푸는 방법입니다. 이 풀이 방법은 가분수를 대분수로, 대분수를 가분수로 바꿀 수 있는지가 핵심입니다.

$$5\dfrac{2}{7} - 2\dfrac{5}{7} = \dfrac{37}{7} - \dfrac{19}{7} = \dfrac{18}{7} = 2\dfrac{4}{7}$$

두 번째 방법은 자연수는 자연수끼리, 분수는 분수끼리 계산하는 방법입니다. 이 방법에서는 분수끼리의 계산에서 받아내림이 발생할 수 있는데, 그럴 때는 자연수에서 1을 받아내림해야 합니다.

$$5\dfrac{2}{7} - 2\dfrac{5}{7} = 4\dfrac{9}{7} - 2\dfrac{5}{7} = (4-2) + \left(\dfrac{9}{7} - \dfrac{5}{7}\right) = 2 + \dfrac{4}{7} = 2\dfrac{4}{7}$$

아이들의 입장에서는 고민할 거리가 적은 첫 번째 방법이 더 계산하기 쉽겠지만 수학적 사고력을 넓혀준다는 의미에서는 두 가지 방법을 다 익혀두는 것이 좋습니다.

08

정답: $\dfrac{22}{9}$, $4\dfrac{1}{6}$

해설 가분수를 대분수로, 대분수를 가분수로 나타내는 것은 3학년 2학기 때 학습하는 내용입니다. 대분수를 가분수로 만들 때는 자연수와 분모의 곱을 분자와 더해야 합니다. 가분수를 대분수로 만들 때는 분자를 분모로 나누어 몫을 자연수 부분으로 보내고, 나머지를 분자에 놓아야 합니다. 가분수와 대분수의 전환을 익숙하게 할 수 있어야 앞으로 분수의 연산을 쉽게 할 수 있으므로 충분히 연습을 하는 것이 좋습니다

09

정답: $4\dfrac{1}{9} - 3\dfrac{7}{9} = \dfrac{3}{9}$

해설 분수의 뺄셈에서 나오는 심화형 문제 중 난이도가 높은 편에 속하는 문제입니다. 뺄셈의 결과가 작으려면 빼는 수는 작게, 빼지는 수는 크게 해야 합니다.

$$㉠\dfrac{㉡}{9} - ㉢\dfrac{㉣}{9}$$

대분수의 뺄셈에서 결과가 작으려면 먼저 자연수의 뺄셈의 결과가 작아야 합니다. 따라서 두 수의 차이가 가장 작은 4와 3이 되어야 합니다. 즉 ㉠에는 4, ㉢에는 3이 들어가야 합니다. 그리고 받아내림을 생각해서 ㉡에는 가장 작은 1이, ㉣에는 가장 큰 7이 들어가야 합니다. 따라서 아래와 같은 식과 계산이 나옵니다.

$$4\dfrac{1}{9} - 3\dfrac{7}{9} = 3\dfrac{10}{9} - 3\dfrac{7}{9} = \dfrac{3}{9}$$

이 정도의 문제를 무리 없이 푼다면 성취도가 매우 높은 학생이라 할 수 있습니다. 선행 학습을 한 학생들 중에는 $\dfrac{3}{9} = \dfrac{1}{3}$로 약분하는 경우도 있는데, 틀린 답은 아니지만 약분은 5학년에서 배우는 개념이기 때문에 4학년 과정의 문제에서는 $\dfrac{3}{9}$까지만 쓰면 됩니다.

도형 1 평면도형

10

정답: ① (나), (라) ② (가), (다), (마) ③ (나) ④ (가), (다)

해설 3학년 1학기 〈평면도형〉은 각과 직각삼각형, 정사각형, 직사각형을 배우는 단원입니다. 도형 학습의 기본은 도형에 대한 약속(정의)을 익히는 것입니다. 따라서 수학에서 정한 약속에 따라 도형을 분류할 수 있어야 합니다.
①번에서 삼각형인 (나)와 (라)를, ②번에서 사각형인 (가), (다), (마)를 찾아내는 것은 기본입니다. ③번에서는 직각의 의미와 삼각형의 의미를 모두 알아야 (나) 도형을 찾을 수 있습니다. ④번에서는 직사각형이 네 각이 모두 직각인 사각형이라는 약속을 알아야 (가)와 (다)를 고를 수 있습니다. 간혹 (다)가 정사각형이기 때문에 직사각형이 아니라고 생각하는 아이들이 있습니다. 정사각형은 직사각형의 성격도 함께 지닌다는 것을 알아야 합니다.

11

정답:

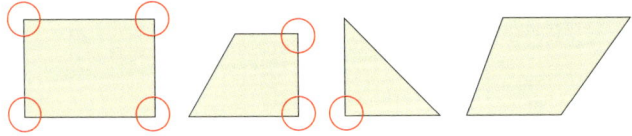

해설 평면도형을 분류할 때 가장 먼저 배우는 것이 직각입니다. 삼각형을 배울 때도 직각이 있는 직각삼각형을 정삼각형보다 먼저 배우고, 사각형을 배울 때도 직사각형을 정사각형보다 먼저 배우게 됩니다. 그래서 직각이 도형을 분류하는 기본적인 기준이 됩니다. 직각의 개념이 확실하게 잡혀 있지 않다면 3학년 1학기 직각 부분을 다시 찾아보는 것이 좋습니다.

12

정답: 10

해설 도형 속에 숨어 있는 또 다른 도형의 개수를 찾는 문제로, 평면도형의 심화 문제 중 일반적인 유형입니다. 직사각형이 네 각이 모두 직각인 사각형이라는 개념을 알고 있으면 작은 사각형부터 차례대로 찾으면 됩니다.

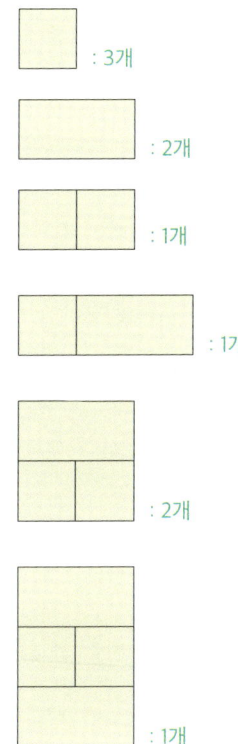

도형 2   평면도형의 이동

13

정답:

해설   4학년 1학기 〈평면도형의 이동〉은 평면도형을 밀기, 돌리기, 뒤집기를 해서 나오는 모양을 이해하는 단원입니다.

도형이 이동한 모양을 머릿속으로 그려야 하기 때문에 어려워하는 아이들이 많습니다. 두 단계를 이동한 모습을 한꺼번에 그려보려 하지 말고 한 번에 한 단계씩 차근차근 생각할 수 있도록 해야 합니다. 먼저 주어진 삼각형을 시계 방향으로 90° 돌리면 아래와 같은 모양이 됩니다.

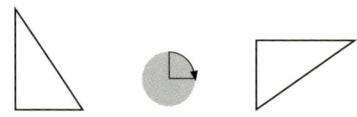

이 모양을 다시 오른쪽으로 뒤집으면 아래와 같은 모양이 됩니다.

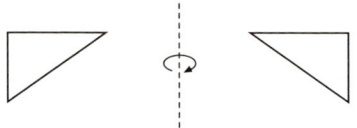

14
정답:

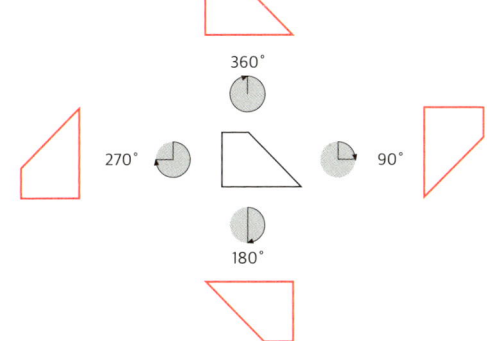

해설 평면도형의 돌리기는 시계 방향과 반시계 방향 등 두 방향으로 90°, 180°, 270°, 360°를 돌려서 나오는 모양을 그리는 활동입니다. 도형이 이동한 모양이 머릿속으로 잘 그려지지 않을 때는 종이에 평면도형을 그려 주어진 조건에 따라 직접 이동시켜보면서 이동에 대한 감각을 키우는 것이 좋습니다.

15
정답: 도형을 90° 돌린 후 아래 혹은 위 방향으로 뒤집기를 한다.

해설 도형이 움직인 방법을 찾아내는 문제입니다. 주어진 도형을 한 번만 움직여서는 오른쪽과 같은 모양이 나올 수 없기 때문에 머릿속으로 도형이 이동하는 모양을 다양하게 그릴 수 있어야 풀 수 있는 문제입니다. 주어진 정답 외에 다른 답도 있을 수 있습니다.

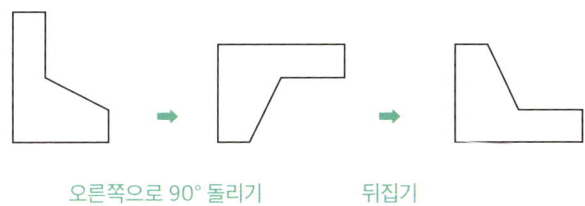

오른쪽으로 90° 돌리기   뒤집기

측정 | 길이와 시간

16

정답: 3분 2초

해설 단위에 대한 가장 기본적인 형태의 문제로, 하나의 단위로 된 것을 두 개의 단위로 나타내야 하는 문제입니다. 60초가 1분이라는 사실을 알고 있어야 해결할 수 있습니다(182초 = 180초 +2초 = 3분 2초).

17

정답: 7시 55분 20초

해설 시계 보기는 너무나 기초적인 문제입니다. 그러나 간혹 이렇게 시침이 다음 숫자에 가까이 가 있는 경우 '7시'가 아니라 '8시'라고 읽는 경우가 있으니 실수하지 않도록 해야 합니다.

18

정답: 1시간 12분 4초

해설 시계 관련 문제에서는 시간을 더하고 빼는 문제가 난이도가 높은 편입니다. 이 문제는 시간의 뺄셈으로 해결할 수 있습니다. TV를 다 보고 난 시각에서 TV를 보기 시작한 시각을 빼면 됩니다(3시 27분 52초 - 2시 15분 48초 = 1시간 12분 4초). 따라서 지현이는 1시간 12분 4초 동안 TV를 보았습니다.
시간 연산 문제에서 받아올림이나 받아내림이 있는 문제는 단위 환산까지 생각해야 되기 때문에 일반 문제집에서는 잘 다루지 않습니다. 그러니 보통은 시간은 시간끼리, 분은 분끼리, 초는 초끼리 자리만 잘 맞추어 덧셈이나 뺄셈을 해주면 됩니다.

| 규칙성 | 규칙 찾기 |

19

정답: ① 바둑돌이 3, 5, 7씩 늘어나고 있습니다.
또는 바둑돌이 1×1, 2×2, 3×3, 4×4로 늘어나고 있습니다.
② 25개

해설 4학년 1학기 〈규칙 찾기〉는 3, 4학년 과정에서 유일하게 다루는 규칙성 영역의 단원입니다. 4학년에서의 규칙 찾기는 규칙을 찾고 설명하는 것이 핵심입니다. 이 단원의 학습이 잘 이루어져야 5학년에서 배우는 〈규칙과 대응〉 단원을 이해하는 데 문제가 없습니다. 이 문제는 도형의 모양을 본떠서 만든 도형수(또는 형상수)를 다루고 있습니다.

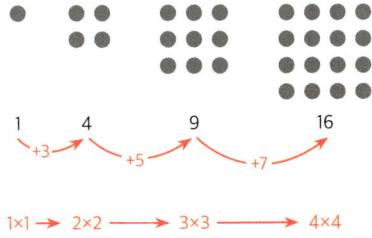

바둑돌을 세어보면 1, 4, 9, 16 순으로 커지고 있습니다. 따라서 ①번의 답은 1×1, 2×2, 3×3, 4×4의 규칙이라고 설명해도 되고, 바둑돌이 3, 5, 7씩 늘어나고 있다고 설명해도 됩니다. ①의 규칙에 따라 ②의 답은 5×5=25로 찾거나 16+9=25라는 규칙을 이용해 찾을 수 있습니다.

20 정답:

101	201	301	401	501	601
111	211	311	411	511	611
121	221	321	421	521	621
131	231	331	431	531	631

해설 수의 배열을 보고 규칙을 찾는 문제입니다. 가로와 세로의 규칙을 각각 찾아서 알맞은 수를 써 넣으면 되는 문제입니다. 비교적 난이도가 낮은 문제이므로 4학년 학생들은 무난하게 풀 수 있어야 합니다. 답을 쓰면서 어떤 규칙에 의해 숫자들이 채워지고 있는지 설명하게 하는 것이 좋습니다. 숫자가 가로로는 100씩, 세로로는 10씩 커지고 있다는 규칙을 찾을 수 있어야 합니다.

21 정답: ① 바둑돌이 2, 3, 4개씩 늘어나고 있습니다.
　　　　② 1, 1+2, 1+2+3, 1+2+3+4
　　　　③ 15

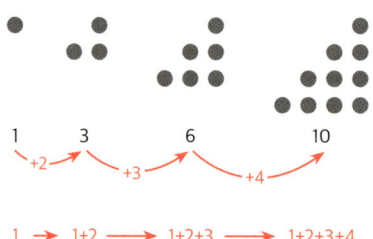

해설 기본 문제에서 다룬 것처럼 바둑돌의 개수를 세어 바둑돌이 2, 3, 4개씩 늘어나고 있다고 설명하는 것은 어렵지 않습니다. 그러나 ②처럼 새로운 규칙을 찾아보라고 하면 문제의 난이도가 높아집니다. 여러 가지 방법들을 적용해 보고 1, 1+2, 1+2+3, 1+2+3+4라는 규칙성을 찾아낼 수 있어야 합니다.
③은 ①과 ②에서 찾아낸 규칙을 이용해 10+5나 1+2+3+4+5로 해결할 수 있습니다.

자료와 가능성 — 꺾은선 그래프

22 정답:

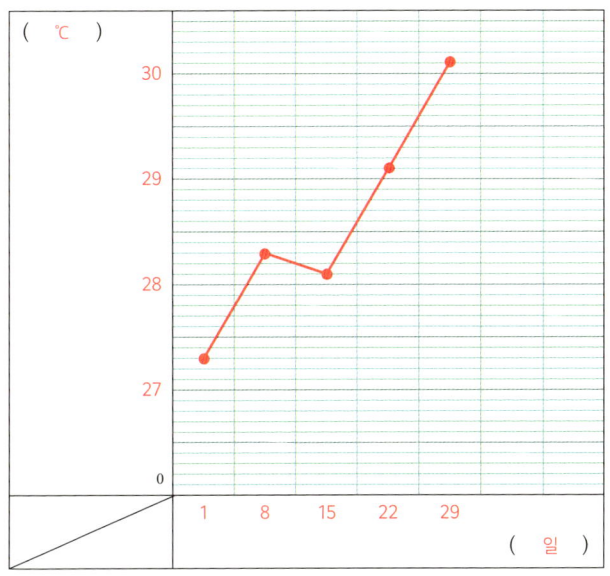

해설 4학년 2학기 〈꺾은선그래프〉는 3학년 2학기 〈자료의 정리〉, 4학년 1학기 〈막대그래프〉와 이어지는 자료와 가능성 영역입니다. 표를 보고 꺾은선그래프에서 가로축과 세로축을 정하고 세로 눈금을 정해야 합니다. 표를 보면 자료에 소수점이 있으므로 이를 고려해 세로 눈금을 정하는 것이 좋습니다. 27~30℃만 표시하면 되므로 불필요한 아래쪽 수치는 물결선을 이용해 생략할 수 있습니다.

23 정답:

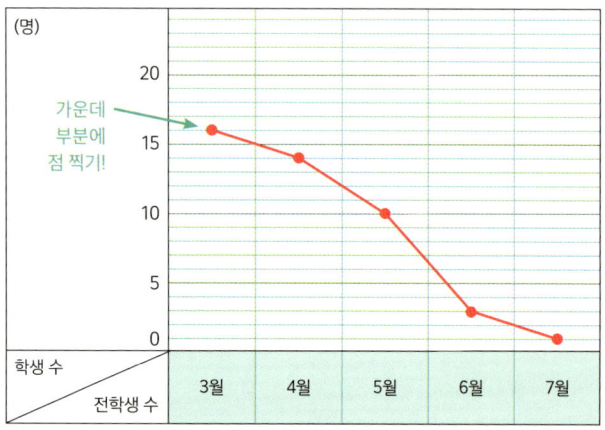

> **해설** 표에 주어진 자료를 보고 꺾은선그래프로 나타낼 수 있어야 합니다. 막대그래프를 그린다고 생각했을 때 막대 꼭대기의 중간 지점에 해당하는 곳에 점을 찍고 그 점들을 선분으로 이어서 나타내면 됩니다.

24 정답: ① 꺾
② 막
③ 꺾

> **해설** 상황에 따라 알맞은 그래프를 찾는 문제입니다. 꺾은선그래프는 변화를 알아보기 쉽게 나타내는 데 유용하고, 막대그래프는 자료의 크기를 비교하는 데 더 편리하다는 것을 이해해야 합니다.

참고문헌

- 교육부, 《수학 1-1》, 2015 개정 교육과정
- 교육부, 《수학 2-1, 2-2》, 2015 개정 교육과정
- 교육부, 《수학 2-1, 2-2 교사용 지도서》, 2015 개정 교육과정
- 교육부, 《수학 3-1》, 6차 교육과정
- 교육부, 《수학 3-1, 3-2》, 2015 개정 교육과정
- 교육부, 《수학 익힘 3-1, 3-2》, 2015 개정 교육과정
- 교육부, 《수학 4-1, 4-2》, 2015 개정 교육과정
- 교육부, 《수학 4-1, 4-2 교사용 지도서》, 2015 개정 교육과정
- 교육부, 〈2018년 국가 수준 학업성취도 평가〉, 2019.3.28.
- 교육부, 〈2019년 국가 수준 학업성취도 평가〉, 2019.11.29.
- 교육부, 〈수학·과학 성취도 추이변화 국제비교 연구 2019〉, 2020.12.8.
- 김민정, 〈자연수 나눗셈 오류 유형 진단 및 교정〉, 경인교육대학교 석사 논문, 2004.
- 김유경·방정숙, 〈3학년 학생들의 전체-부분으로서의 분수에 대한 이해 분석〉, 대한수학교육학회, 수학교육학연구, 2012.8.
- 김은경, 〈도형 및 측정 영역의 학습에서 나타나는 오류 분석〉, 서울교육대학교 석사 논문, 2019.
- 박주경·오영열 〈초등학교 수학 학습 부진 발생 경향 분석〉, 한국초등수학교육학회, 한국초등수학교육학회지, 2013.
- 〈수학교육연구Educational Studies in Mathematics〉, 2014년 2월호
- 장혜원, 〈덧셈과 뺄셈의 대안적 계산방법 지도에 대한 연구〉, 대한수학교육학회, 수학교육학연구, 2014.
- OECD, 〈국제 학업성취도 평가PISA 학생 웰빙 보고서 2015〉, 2017.4.19.

초3
수학의 힘

2021년 03월 25일 초판 01쇄 발행
2021년 04월 26일 초판 02쇄 발행

글 이정

발행인 이규상 편집인 임현숙 책임편집 이은영
편집1팀 이소영 이은영 황유라 기획 최정화 교정교열 신진
마케팅실장 강현덕 마케팅2팀 이인규 안지영 이지수
디자인팀 김지혜 손성규 손지원 영업지원 이순복 경영지원 김하나

펴낸곳 (주)백도씨
출판등록 제2012-000170호(2007년 6월 22일)
주소 03044 서울시 종로구 효자로7길 23, 3층(통의동 7-33)
전화 02 3443 0311(편집) 02 3012 0117(마케팅) 팩스 02 3012 3010
이메일 book@100doci.com(편집·원고 투고) valva@100doci.com(유통·사업 제휴)
포스트 post.naver.com/100doci 블로그 blog.naver.com/100doci 인스타그램 @growing__i

ISBN 978-89-6833-300-2 13590
© 이정, 2021, Printed in Korea

물주는하이는 (주)백도씨의 출판 브랜드입니다.
"이 책은 저작권법에 따라 보호받는 저작물이므로 무단 전재와 복제를 금지하며,
이 책 내용의 전부 또는 일부를 이용하려면 반드시 저작권자와 (주)백도씨의 서면 동의를 받아야 합니다.

* 잘못된 책은 구입하신 곳에서 바꿔드립니다.